Simplesmente ZICO

Proibida a reprodução total ou parcial em qualquer mídia
sem a autorização escrita da editora.
Os infratores estão sujeitos às penas da lei.

A Editora não é responsável pelo conteúdo da Obra,
com o qual não necessariamente concorda. A Autora conhece os fatos narrados,
pelos quais é responsável, assim como se responsabiliza pelos juízos emitidos.

Consulte nosso catálogo completo e últimos lançamentos em **www.editoracontexto.com.br**.

Priscila Ulbrich

Copyright © 2014 da Autora

Todos os direitos desta edição reservados à
Editora Contexto (Editora Pinsky Ltda.)

Fotos de capa e quarta capa
Ricardo Beliel

Montagem de capa e diagramação
Gustavo S. Vilas Boas

Preparação de textos
Lilian Aquino

Revisão
Ana Jensine
Fernanda de Lima
Fernanda Guerriero Antunes

Dados Internacionais de Catalogação na Publicação (CIP)
(Câmara Brasileira do Livro, SP, Brasil)

Ulbrich, Priscila
 Simplesmente Zico / Priscila Ulbrich. – São Paulo : Contexto, 2014.

 ISBN 978-85-7244-841-3

 1. Jogadores de futebol – Biografia 2. Jogadores de futebol – Brasil 3. Zico, 1953 I. Título.

14-00540   CDD-796.334092

Índice para catálogo sistemático:
1. Jogadores de futebol : Biografia   796.334092

2014

EDITORA CONTEXTO
Diretor editorial: *Jaime Pinsky*

Rua Dr. José Elias, 520 – Alto da Lapa
05083-030 – São Paulo – SP
PABX: (11) 3832 5838
contexto@editoracontexto.com.br
www.editoracontexto.com.br

Introdução

Quem é Zico? Todos conhecemos seus principais feitos e apresentar apenas suas conquistas me pareceu pouco. Queria mostrar o que esse grande esportista representou e representa na vida de tanta gente que o viu atuar. Recolhi relatos de 134 pessoas, entre atletas, ex-atletas, técnicos, jornalistas e fãs. Assim, conhecemos histórias saborosíssimas e inéditas desse ídolo incontestе. Colher depoimentos sobre Zico foi, para meu espanto, a parte mais fácil do livro. Todos tinham o que dizer, o que agradecer, coisas a contar e reafirmar a importância e a influência que ele teve sobre suas vidas.

E fiquei me questionando sobre tal devoção: quem é esse cara que arrasta multidões e une adversários ferrenhos? Tornar-se unanimidade não aconteceu de um dia para o outro. Zico trilhou todo o caminho, nem sempre tão fácil. E provou que, com talento, carisma e muita vontade, era possível ganhar a eternidade.

Zico nasceu Arthur Antunes Coimbra no dia 3 de março de 1953, em Quintino Bocaiuva, um bairro do subúrbio do Rio de Janeiro. Seu pai, José Antunes Coimbra, português de Tondela, era flamenguista ferrenho. Foi goleiro e quase se tornou profissional pelo próprio Flamengo. Sua mãe, a carioca Matilde da Silva Coimbra, a Tidinha, tomava conta da casa e do time que nela morava. Eram seis filhos. Zico chegou na última janela de transferência: era o caçula. Ganhou o apelido de sucessivas abreviações de seu nome – Arthurzinho, Arthurzico –, até que sua prima Ermelinda batizou o craque: Zico.

Seus quatro irmãos já jogavam futebol. O mais velho, Zeca, até então o habilidoso da família, foi atacante do Fluminense. Edu foi ídolo do América e chegou a jogar na Seleção. Nando teve a carreira interrompida por causa da ditadura militar. O único que não seguiu carreira foi Tonico. E Seu Antunes teve o prazer de ver os filhos jogando juntos no imbatível Juventude de Quintino, time em que Zico brilhou pela primeira vez.

O destino de Zico com o Flamengo vem de berço. Graças à paixão rubro-negra, cada filho ganhava de Seu Antunes o Manto Sagrado assim que nascia. Zico ganhou a 8 porque a 10 já era de Edu. E pensar que quase foi jogar no Vasco pois o Flamengo não pagava as passagens e o almoço. Foi George Helal quem financiou as refeições e garantiu a permanência de nosso Galinho na Gávea.

Daí pra frente, o menino que jogava nas ruas de Quintino e assistia aos jogos do Flamengo das cadeiras cativas com o pai ganhou o mundo. Conquistou tudo o que havia de ser conquistado em vermelho e preto. Foi sob sua liderança que o Flamengo venceu seu sonhado Mundial Interclubes em 1981.

Sob protestos e muito choro da torcida, foi vendido para a Itália. Passou duas temporadas na Udinese e conquistou os italianos. Foi para o Japão e fez o improvável. Virar rei? Não, isso era esperado! Ensinou os japoneses a jogarem futebol. Voltou ao Flamengo nos braços da torcida e, quando parou de jogar, deixou uma Nação carente e apaixonada por tudo o que ele havia feito e representado. Hoje em dia, Zico é quase uma entidade. Soberano, traspassa gerações e conquista mais e mais admiradores, atuando agora como técnico e dirigente de futebol.

Zico e Flamengo se confundem, em uma fusão de cores e amores que é simplesmente impossível de se separar. O que era o Flamengo antes de Zico? O que seria de Zico sem o Flamengo? São dois gigantes. Unidos não só pelo destino, mas por obra divina. Cresceram juntos e construíram uma história de glória e superação.

E pensar que quase desistiu do futebol quando foi cortado da Seleção Brasileira em 1972. Hoje sabemos que foi um ato puramente político e covarde, como todo ato ditatorial. Mas, graças aos deuses do futebol, nosso Arthur foi forte. Ergueu a cabeça e seguiu em frente. Foram muitas as suas participações na Seleção, inclusive na de 1982, a maior de todas. Não saiu vencedora, por um capricho da bola. Zico nunca levantou um caneco verde e amarelo como profissional. Pena? Como diz o grande Edu Cesar: "Zico não ganhou a Copa? Azar da Copa".

Neste livro não há famoso, não tem torcedor, não existe estrela. Somos apenas súditos, traduzindo em palavras todo agradecimento ao craque da camisa 10. Somos 40 milhões, de joelhos, em respeito a tudo que Zico fez ao longo dos anos, dentro e fora de campo.

Sempre fui apaixonada por esportes. Desde minhas mais remotas lembranças. Por questões de saúde, não podia praticá-los com regularidade. Então, sempre gostei de assistir. Já muito pirralhinha ouvia rádio com os funcionários do meu pai. Jogos de um tal Flamengo, que tinha um jogador que encantava a todos. Zico era seu nome.

Meu pai, Fluminense, quase teve um treco quando eu disse que meu time era rubro-negro. Não teve jeito. Não adiantou nem ele apelar para a bisonha tentativa de dizer que o grená era um quase rosa. Mais adequado, portanto, para a torcida de uma menina. Mal sabia ele que a menina já estava entregue. Antes mesmo de ver o seu rosto na telinha, antes de gravar o nome de qualquer outro jogador, meu coração já era Zico FC; seja na terra, seja no mar.

E sempre foi assim. Um pouco mais velha, na idade em que os amigos deram espaço aos namorados imaginários, minha irmã de leite era apaixonada pelo Bebeto. Eu? Namorada ciumenta do Zico!

É claro que, assim, o amor pelo Flamengo cresceu. Encorpou. Ganhou voz, manto e bandeira. Mas o nome do Galinho sempre esteve à frente, como abre-alas de uma torcedora que, feliz, também aprendeu a amar outras agremiações. Por Zico, quis saber mais de Udine, torci pelo Kashima. Vibrei com o Fenerbahçe, virei iraquiana! Onde Zico estiver, lá estará o meu coração.

Nós, do Donas da Bola, queríamos um padrinho. Alguém que pudesse nos fazer acreditar ser possível continuar, quando, por inúmeras vezes dizia tudo mais que já deveríamos ter descido na parada anterior. Em meio a tantos nomes expressivos, um volta e meia rondava nossos pensamentos: Zico! "Impossível! Ele não vai aceitar." Era a autorresposta mais educada que nós mesmas empregávamos. O que ele poderia querer com a gente?

Quem me conhece, sabe. Quietinha, comecei a mexer todos os pauzinhos que estavam ao meu alcance. E, como quem tem amigo não morre pagão, não é que um dia Sandro Rilhó não me vem com a notícia? ZICO ESTAVA ESPERANDO O MEU CONTATO!

Escolhi as palavras. Minha preocupação era que ele acabasse me achando doida! Enviei o e-mail sem ter até então contado nada para as outras meninas. O sonho era tão grande que eu não queria dividir minha frustração em não conseguir um encontro com o dono da camisa 10.

A resposta de Zico? Sério, li aquele e-mail umas quarenta vezes e chorei em todas elas. Depois encaminhei o e-mail para a Renata Graciano e choramos juntas. Choro à distância. E ficou agendada nossa primeira reunião com o padrinho, que veio a aceitar este convite que tanto nos honra.

Nunca tive ídolos. Nunca sequer peguei autógrafo de ninguém. Mas estava ali na minha frente a única pessoa que eu amei sem conhecer. Fiquei nervosa. Parecia que eu estava indo para meu casamento. E quando o Zico caminhou em minha direção, parei de respirar.

Da minha parte, foi a pior entrevista da minha vida. Da parte dele, Zico era tudo o que eu imaginava e muito mais. O resto é história que faço questão de contar todas as noites para minhas filhas dormirem. E não é que, depois de torcer para todos os times em que Zico esteve durante sua carreira, o craque não acabou vestindo as cores da minha camisa? É, a vida é mesmo um conto de fadas.

Zico é o padrinho perfeito: honesto, bom caráter, humilde, profissional, respeitoso, ético. É esse exemplo que queremos seguir no Donas.

Neste livro repleto de depoimentos, reunimos o que esse atleta, profissional e ser humano fantástico representa para todos aqueles que fazem parte desta grande nação de apaixonados. Pessoas do mundo pararam para falar algo sobre Zico. Abriram seus corações, dividiram suas recordações, dores, alegrias e momentos pessoais.

Por fim, não poderia deixar de agradecer à Renata Graciano por ter colaborado na confecção desta "Introdução" e da linha cronológica no fim da obra.

Priscila Ulbrich,
jornalista e idealizadora do Donas da Bola

Os adversários sempre o respeitavam...

Adílio – ex-jogador de futebol, campeão do mundo pelo Flamengo em 1981

Ser amigo do Zico e ter jogado com ele já é uma grande satisfação, mas não fica por aí!

O Zico foi uma pessoa fundamental na minha vida e na minha carreira como jogador de futebol. Foi com ele que descobri a importância de se manter um bom relacionamento dentro e fora de campo.

Um fato curioso dentro de campo era o respeito com que outras equipes tratavam o Zico. Certa vez, enquanto ele se preparava para bater uma falta, a barreira do time adversário se posicionava em linha, mas um único indivíduo se posicionou de forma estranha, olhando para o próprio gol. Seus companheiros perceberam e tentaram corrigir o seu posicionamento duvidoso, mas ele respondeu em alto e bom tom: "*Vocês acham que eu vou perder esse lance?!?*". Todos nós sabíamos que falta na entrada da área não tinha jeito, o caminho da bola seria para o fundo da rede; gol de Zico! Quase todos se viravam para ver mais um gol de Zico, até um adversário! Todos o reverenciavam!

Zico, eterno Zico, sinônimo de lealdade, profissionalismo e naturalidade. Compõe a maestria da consagração...

E agora, Ramón?

Alcindo Sartori – ex-jogador do Flamengo, atuou com Zico no Japão

Eu e Zico jogamos juntos no Japão, pelo Kashima Antlers. Zico é um deus naquela terra, reverenciado e respeitado por todos. Fui feliz em aproveitar as mordomias por causa dele (risos). Brincadeiras à parte, é motivo de orgulho ter jogado com Zico, e tê-lo como amigo muito me honra. Uma pessoa que fala com todos, indiscriminadamente, ensinava o que sabe com paciência a todos que queriam, ali no Japão. Aliás, paciência é uma virtude que muito ajudou em seu trabalho e sucesso no Japão.

Fomos jogar contra o Marinos, que tinha o argentino Ramón em seu elenco. Ramón começou a provocá-lo antes do jogo: "O que Zico faz aqui no campo? Tá velhinho, não pode jogar mais! Tem que ficar do lado de fora". E falava coisas similares. Zico na dele. E ele não parava.

Começou o jogo e o Marinos saiu na frente, 2 x 0, e imagine se Ramón parava o falatório: ria e continuava a provocar. O jogo ficou bom, nos acertamos, fiz 2 gols e empatei a partida, 2 x 2. Zico foi lá, fez o terceiro. Placar final: 3 x 2 pro Kashima!

Mas o melhor foi quando Zico fez o gol, passou pelo Ramón e disse: "E agora, hein, Ramón? O velhinho aqui fez gol!". Passei por ele e gargalhei: "Toma, argentino!".

O Pelé Branco

Alex Medeiros – jornalista

Na cabeça dos milhões de técnicos e analistas de futebol brasileiros, o único ponto de concordância é o reinado perpétuo de Pelé como o maior jogador de todos os tempos. A partir daí, tudo muda; é um caleidoscópio de opiniões que torna o esporte bretão o oxigênio de uma nação.

Tendo a opinião sobre Pelé como um cordão umbilical que une todos numa mesma família, esses milhões de especialistas divergem em qualquer outro assunto futebolístico, começando pela escolha de quem seria o segundo depois do Rei.

Há os que acham que foi o Garrincha, os que teimam ter sido Maradona, os que juram que foi o Zizinho (aquele que inspirou o próprio Pelé), alguns muitos querem o Beckenbauer, outros apostam no Di Stefano e no Puskas, e a Fifa diz que foi o Cruijff.

No debate para definir um vice-rei do futebol, a turba não poupa uma briga e muita saliva. Metade do Brasil se divide entre dezenas de candidatos. Aí o leitor pergunta: e a outra metade, não discute, não opina, ignora o ópio de um povo, a religião maior de um país?

E eu respondo: a outra metade, meus amigos, é a torcida do Flamengo e mais um "outro tanto", como diria minha mãe Dona Nenzinha. Nesse universo, a opinião é expressa em uníssono e não tem pirrepes, como "poetariava" o paraibano Zé Limeira.

Porque depois do "negão", minha gente, só o branquinho Zico, a mais gloriosa representação divinal do futebol brasileiro depois do deus de Três Corações. Não à toa ele foi batizado pela imprensa inglesa de White Pelé, logo após derrotar o *real team* dentro do estádio de Wembley.

Zico não foi somente um herói e ídolo dos rubro-negros. Conseguiu a fascinante proeza de ser amado pelos adversários, mesmo estes vendo nele a imagem assustadora do carrasco. Em Zico, os vascaínos, tricolores e botafoguenses sentiram em silêncio a "Síndrome de Estocolmo".

Imaginem que ele quase despontou no Vasco, quando o Flamengo incorreu no desleixo de não servir lanche ao magrelo garoto de Quintino durante os treinos do infantil. Foi o médico Carlos Manta quem alertou a Gávea sobre uma "proposta alimentar" de São Januário, evitando assim a transferência.

Não há qualquer exagero na proximidade que se faz entre Zico e Pelé. Ambos se assemelham em jogadas e gols que não têm similares pelos quatro cantos do mundo em mais de um século de bola rolando. E aquilo que um não fez, está presente no outro, a locupletação dos gênios.

Pelé reinou, também, no Maracanã até os dias em que debaixo dos céus do Rio de Janeiro começou a brilhar a estrela de Zico. Eles dividiram a história do estádio no período pós-Zizinho e pós-Ademir Menezes. O rei negro nos anos 1960/1970, o príncipe branco nas décadas de 1970/1980.

E se Pelé conseguiu o feito imortal de cravar seu milésimo gol no gramado carioca, foi de Zico a supremacia nas tardes e noites do majestoso estádio, onde ali ele foi mais que um rei, foi um deus que provocou rezas e louvores em todas as torcidas.

Pelé jamais exibiu seu poder divino no mais importante templo de futebol da Europa, o estádio de Wembley. Mas ali, diante dos súditos de Elizabeth, Zico mostrou que o reino não escaparia de uma exposição da arte maior dos seguidores do próprio Pelé.

Louvemos aos deuses que permitiram o glorioso dia em que os dois reis do Brasil jogaram juntos no Maracanã, vestidos com a mesma camisa. Era 6 de abril de 1979 e ambos convocaram os súditos para uma noite solidária pelas vítimas de enchentes em Minas Gerais.

Elegante em todos os gestos, Zico cedeu a camisa 10 do Flamengo para Pelé, a camisa que ele cultuava por amor ao ídolo Dida, o craque alagoano que popularizou esse número no Rio de Janeiro dos anos 1950 e 1960. Uma multidão de 139.953 pessoas encheu o velho estádio Mário Filho.

Do outro lado do campo, o Atlético Mineiro do rei Dario e do craque Toninho Cerezo. Foi uma noite com chuva de gols, com o Flamengo aplicando 5 x 1, sendo três de Zico, chamado na tela do Canal 100 de "novo monstro sagrado do nosso futebol". O tempo parou para que dois deuses juntassem suas épocas.

O mundo inteiro consagrou o talento inigualável de Zico; em cada continente há os vestígios da sua divindade, há torcedores cultuando as lembranças dos seus gols maravilhosos. E se algum transgressor da História lembrar que Zico nunca ganhou uma Copa, eu contradito com o desaforo definitivo do jornalista Fernando Calazans: "azar da Copa".

Técnico, ídolo e amigo

*Alex Souza – jogador de futebol do Coritiba,
eleito quatro vezes o melhor jogador da Turquia*

Falar do Zico é muito fácil e me dá uma satisfação imensa. Foi minha maior referência quando criança, e ainda tive a oportunidade de ser treinado por ele no Fenerbahçe.

Confesso que nos primeiros meses não enxergava nele um treinador, e sim um mito. O homem da camisa 10 do timaço do Flamengo, da Udinese e da Seleção Brasileira. Até que passamos um Réveillon em minha casa e me deparo com minha filha mais velha no colo dele. Naquele momento, vi que meu ídolo e treinador era meu amigo.

Uma das maiores alegrias que tive em minha vida foi ter convivido com ele durante dois anos. Até hoje minha filha, que está com 9 anos agora, diz que tem saudades do Zico.

Zico, obrigado por tudo!

De uma pessoa que sempre te admirou.

Zico marcou minha vida

*Alev Aydın – torcedora do Fenerbahçe,
apaixonada por Zico e pelo futebol brasileiro*

É muito difícil dizer o que você significa para mim e para todos os torcedores do Fenerbahçe. Tenho saudades do dia em que você estava presente em nossas vidas, no nosso time, e pode ter a certeza de que me lembro de você a cada jogo.

O respeito que eu sinto por você não é apenas pelo sucesso que trouxe pra nós, querido Zico, mas pelo seu caráter e por sua maneira de ser. Tudo ao mesmo tempo. Muito difícil de esquecer seu rosto sorridente, sua perfeita comunicação com todos, a coragem que transmite à equipe. Você sempre deu o sentimento de confiança.

Há dois dias sombrios pra mim em relação ao Fenerbahçe: o dia em que você se foi e o que Alex se foi.

Eu sei que seu lugar ficará sempre vazio e nunca vou esquecê-lo. Por favor, não se esqueça de nós também e volte um dia. Estamos enviando uma foto com os meus colegas para você guardar; somos apenas alguns dos 25 milhões de fãs seus na Turquia. Por favor, sinta sempre o nosso amor por você.

As boas-vindas de Zico

Amoroso – ex-jogador de futebol

A minha recordação mais comovente ao lado do meu maior ídolo foi quando eu estava sendo negociado com a Udinese/Itália e não sabia que seria apresentado em praça pública (Piazza San Giacomo).

Quando eu cheguei ao hotel em Udine, tinha uma faixa com os dizeres "Benvenuto Marcio, Bentornato Zico". Pensei comigo: "Será que o Galinho vem?".

Fui para a praça no carro da Udinese sem falar nada em italiano; cheguei e olhei a praça San Giacomo lotada, umas 6 mil pessoas. Desci do carro, olhando aquela maravilha, e pensei: "Tudo isso pra mim? Será que fiz muito sucesso no Brasil? Nem joguei aqui ainda!".

Quando eu olhei pra trás, quem estava descendo do outro carro? Ele mesmo, o meu maior ídolo e amigo Zico. Aí eu pensei, conformado com a realidade: "Ainda não é pra mim toda essa gente, e sim pro Galinho, mas um dia eu chego lá". Hehehe. Zico sempre foi uma inspiração.

O Galo pegou o microfone e falou: "Estou apresentando aqui a vocês um jogador que dará tantas alegrias como eu pude dar: Amoroso". Fiquei emocionadíssimo e classifico este como o momento mais marcante da minha vida.

As palavras do Galinho estavam corretas. Eu me tornei ídolo em Udine e artilheiro do Campeonato Italiano. Zico é Zico e ponto-final!

Obrigado, Galo, pela sua amizade e de sua família.

Quem além de Zico?

André Dissat – jornalista do Blog Fim de Jogo

Nasci em 1986 e infelizmente não consegui ver o Zico jogar partidas oficiais pelo Flamengo. Mas não é preciso ter visto o Galinho numa partida pelo Mengão para saber que ele sempre foi ídolo de qualquer rubro-negro que existe no mundo.

Como todo flamenguista, sempre fui fã e, quando pude, acompanhei suas famosas peladas de fim de ano. Os Amigos do Zico. Ele conseguiu juntar 70 mil pessoas no Maraca em um jogo beneficente. Quem mais conseguiria? Mesmo o acompanhando e trabalhando na área, ver o Zico de perto é sempre "como se fosse a primeira vez". Parabéns e continue sendo sempre esse cara simples e cada vez mais ídolo da maior torcida do mundo.

Meus encontros com Zico

Ana Cecília – analista de TI, mangueirense e Rubro-Negra

06/02/1990 – Maracanã – A despedida

Parecia uma terça qualquer, mas não para mim. Passei o dia estranha, com um frio na barriga e um nervoso sem igual.

Naquela noite, por incrível que pareça, iria assistir no Maracanã a um jogo do meu maior amor: o Flamengo!

A noite seria inesquecível! Seria meu primeiro encontro com dois dos maiores símbolos do Flamengo: a nação Rubro-Negra e Zico!

Não sei descrever meu nervoso e minha tristeza por ver um dos meus ídolos se despedir! Não me pergunte como foi o jogo, se ganhamos ou perdemos.

A atmosfera era de pura magia! Ninguém queria perder um momento sequer, um movimento, um sorriso, uma lágrima daquele que tinha feito nossa Nação crescer tanto e levado o nome do Flamengo a lugares inimagináveis!

Zico era o ídolo de cada criança, cada pai, cada homem e mulher presente ali. Não duvido que tenham ido torcedores de outros times, pois ele tinha o dom de agregar e de ser admirado por todos! Quantas vezes ouvi amigos meus falando que tinham ido assistir a jogos do *Mais Querido* só para vê-lo jogar?

Como ficaríamos sem ele? Não era como quando foi jogar no exterior. Sabíamos que poderia voltar a qualquer momento. Mas agora não, agora era para nunca mais.

Que dor vê-lo com o manto pela última vez! Mas, de certa maneira, estava também feliz! Ele era só nosso! O Maior de Todos no Melhor de Todos! E isso ninguém iria tirar!

Não dormi aquela noite, fechava os olhos e via os fogos e ele no meio de tudo. Que linda imagem! Zico emocionado com a homenagem, mas mal sabia ele que cada um de nós tinha a consciência de que que isso era muito pouco para o tanto que ele tinha nos dado.

29/08/2012 – Cinema Leblon 2 – lançamento Chapa Azul

Fui convidada, junto com outras pessoas, para o lançamento da Chapa Azul. Sou muito chata em relação a horários e compromissos, por isso saí rápido do trabalho para não chegar atrasada.

Nunca foi tão bom ser tão certinha. Estava com duas amigas, no saguão, quando vi uma movimentação. Quando olhei para o lado, quem estava a 2 metros de mim? Ele mesmo! O Zico!

Eu me senti como uma adolescente atarantada! Não sabia o que fazer! Aliás, sabia sim: tinha que tirar uma foto com ele! Fiquei louca e, enquanto não o fiz, não sosseguei! Ele, com a maior das paciências, tirava várias com todos nós, seus súditos fiéis! Será que ele sabe do poder que tem e de como é amado? Não é um amor qualquer! É um amor de 40 milhões de corações rubro-negros.

Tanta coisa pra falar e eu ali, boba, boba porque tinha tirado uma foto com o Messias!

Zico é assim: traz à tona nosso lado infantil!

13/12/1981-13/12/2011 – Tóquio – O Mundial

Naquela madrugada, eu e milhões de rubro-negros estávamos de ouvido colado no rádio por conta do jogo mais importante de nossa história! O Garotinho e o Washington Rodriguez falavam e nos faziam sentir como se estivéssemos lá sacudindo nossas bandeiras!

Todos falavam que o Liverpool era o melhor time do mundo! Tolos, pois não tinham visto o Mengão jogar! Não sabiam o que era ter o melhor jogador do mundo jogando!

Nós sabíamos da nossa força, nunca duvidamos disso! Depois do sufoco da Libertadores, o Mundial não seria tão difícil assim.

Com o desenrolar da partida, fomos vendo que o Flamengo jogava fácil e as oportunidades e os gols foram aparecendo. Tudo muito "tranquilo"! Mas isso se devia aos jogadores daquele time, que eram inigualáveis, e Dele, que comandava todos com tamanha segurança e, ao mesmo tempo, maravilhava a todos que assistiam ao espetáculo!

Naquela dia, Zico não fez gol, mas participou dos 3! Naquele dia, ele repetiria um gesto que cansou de fazer no Maior e Melhor do Mundo: ergueu a taça!

Naquele dia/madrugada/noite, fez uma Nação inteira explodir de felicidade! Mostrou ao Mundo quem era o dono dele!

Ao comemorar em 1981 e em 2011, a emoção foi a mesma! Como é bom ser Flamengo! Como foi bom ver o Zico jogar!

Zico é isso, pessoa de uma simplicidade única e com o dom de nos fazer feliz! Pelo menos a nós, rubro-negros! Galinho, obrigada por toda a felicidade que você me deu na minha infância e juventude! E, principalmente, obrigada por me fazer rubro-negra!

O Maracanã, a Nação, Zico e uma menina

Ana Jensine – escritora, flamenguista e autora do livro Eva

Era uma vez uma menina, como tantas outras em tudo, mas com uma diferença: ela adorava futebol. Seu time era o Flamengo e seu ídolo, o Zico.

Quem lhe ensinara a ser assim foi seu pai. Quem diria que um dia essa menina teria a honra de escrever um texto para seu ídolo? Quem diria que a mesma menina, já crescida e escritora, não saberia nem por onde começar?

É exatamente assim que me sinto, honrada e perdida.

Cresci ouvindo histórias sobre o Flamengo. Meu pai comprou um título do clube na época da FAF, sou sócia do Flamengo desde os 2 anos de idade, eu e meus irmãos aprendemos a nadar na Gávea, vou ao Maracanã desde que era um feto na barriga de minha mãe... Mas houve um momento, um jogo, que significou mais do que todos os outros, um instante no qual entendi o que era fazer parte de uma Nação.

Foi em 1978, quando eu e meu pai demos início ao ritual de irmos sozinhos torcer pelo Flamengo. Fazia algum tempo que não íamos ao estádio, mas, por mais que gostasse de estarmos semente nós dois, sem meus irmãos, sentia muitas saudades de minha mãe. Na realidade, nessa época, Bia também nos acompanhava, espremida dentro de minha pequena bolsa. Era minha boneca predileta, minha mãe quem havia me dado, um pouco antes de ir morar com Papai do Céu.

Fiquei realizada quando soube que não usaríamos as cadeiras perpétuas de meu avô, mas que iríamos de arquibancada. Seria como na música, sentiríamos mais emoção.

Enquanto meu pai comprava as entradas, eu olhava diversas pessoas vestindo uma camisa como a minha, o manto sagrado rubro-negro. Sorri. As pessoas sorriam de volta para mim. Entramos no estádio e eu me sentei ao lado de meu pai, adorando o fato de não haver cadeiras; era como uma grande escadaria. Eu via torcedores chegando e se sentando enquanto bandeiras eram agitadas e o grito de "Mengo" acalentava meu coração. Sentia-me como se todos pertencessem à mesma família. Não havia diferenças nem dor ou saudades, mas apenas o Flamengo.

Todos começaram a se levantar e eu também me levantei, sabendo o que viria a seguir. O time do Flamengo entrava em campo. Era meu momento predileto do jogo inteiro. Eu gritava a plenos pulmões, tentando acrescentar minha voz àquele "Mengo".

Durante 90 minutos, nada mais importaria. Pai e filha estariam unidos em uma única realidade, com um único objetivo: cantar e torcer, empurrando seu time rumo à vitória.

O jogo era Flamengo x Bangu, pelo campeonato carioca, e terminou 3 a 0, com dois gols do Zico e um do Claudio Adão. Depois da partida, meu pai me colocou sobre os ombros e fomos descendo a rampa extasiados pela vitória. Comecei a cantar uma música que aprendera na escola, chamando o time adversário de freguês. Os outros torcedores, encantados pela pequena flamenguista, acompanharam-me no canto e a saída do estádio foi regida por mim, aos 5 anos de idade. Meu pai se emocionava ao ver sua filha liderar a torcida do Flamengo e eu entendi que pertencia a algo maior. Não estava unida apenas ao pai, mas a toda uma torcida.

Naquele jogo, na arquibancada do Maracanã, a pequena torcedora entendeu que fazia parte de uma Nação.

E essa Nação tinha um ídolo, um ícone, o Zico.

Eu era louca pelo Zico. Conforme crescia, esse amor amadurecia. Não era mais apenas pelo que fazia em campo, não era mais apenas pelos gols e assistências, nem por ser o ídolo da Nação. Era pela lição de vida com que Zico nos presenteava.

Profissionalismo, honradez, hombridade, sinceridade, honestidade, perseverança, humildade... São muitos os adjetivos ligados ao Galinho de Quintino, todos insuficientes.

Aprendi isso acompanhando a história do meu ídolo. Não havia Google nem YouTube, assistíamos às entrevistas na televisão, líamos as notícias nos jornais e revistas. E eu guardava recortes sobre Zico. Chorei inconsolável quando ele foi para a Itália, por mais que compreendesse a partida. Nas entrevistas, deixava tão claro os motivos e a dor por estar indo que não havia como não apoiá-lo.

Ah, mas houve a volta... A emoção de saber que Zico voltava ao Flamengo é literalmente indescritível. Assim como a dor pela contusão depois daquela falta desleal, criminosa.

E mais uma vez, Zico mostrou que não é ídolo apenas pelo que fez em campo. A luta para superar as dores, a persistência em jogar, as cirurgias... Ele sabe quanto sofreu para conseguir superar, eu sei quanto chorei. Cheguei a torcer para que ele parasse, mas Zico não desistiu, nunca.

Para a sorte da Nação, ele conseguiu. Para minha sorte, sou flamenguista.

O Flamengo me deu muitas alegrias, títulos, amizades que se iniciaram em uma discussão sobre escalação, a valorização da luta, a importância da raça, a Nação... Aliás, a torcida do Flamengo me vingava a cada vez em que cantávamos os "parabéns" pelos anos sem título do Botafogo, já que o menino mais lindo da escola tinha o péssimo gosto de ser botafoguense e não gostava de mim.

Porém, o maior presente que eu poderia ter nessa vida é a dádiva de ter um ídolo como Zico.

Trinta anos depois daquele jogo, dei a meu único filho o nome dele, Arthur. Quando explico ao meu pequeno o motivo de seu nome, além de mostrar jogos no YouTube, falo que Zico é um homem bom, com uma biografia que é uma lição de vida.

Gols não são suficientes para ensinar valores a uma criança, a história de Arthur Antunes Coimbra sim. Torço para que a geração de meu filho tenha um ídolo com metade do caráter do Zico, pois já será uma bênção.

O gol que o Zico copiou de mim

Andreas Müller – jornalista

Passa do meio-dia quando o locutor do noticiário esportivo na TV anuncia: "Mais que um gol: um toque de genialidade, um quase milagre. Não perca." Em instantes, eu e meus amigos da escola, reunidos para almoçar na minha casa, veríamos um lance magistral de Zico.

Voltam os comerciais e a turma se aquieta. Terá sido um gol de bicicleta? De calcanhar? Um dos meus amigos, o Betinho, brincalhão incorrigível, aposta que foram "os dois ao mesmo tempo". Rimos muito e alguém joga um guardanapo sujo nele. Silêncio, vai começar.

Na TV, as imagens parecem enganar os nossos olhos. O Kashima Antlers trama uma jogada pela esquerda do campo e cruza uma bola rasteira para o meio; alguém dá um tapa e lança alto para o Zico no meio da área. Mas Zico está adiantado demais. E é justamente aí que ele toma uma daquelas decisões que caracterizam os gênios: lança-se mais para frente, passa o corpo da bola, ergue o calcanhar e finaliza encobrindo um incrédulo goleiro japonês. Mete no ângulo. Gol. Golaço. O primeiro marcado de bicicleta-de-calcanhar no mundo. O Betinho tinha razão.

Meus amigos ainda estão se entreolhando, estupefatos, quando eu trato de colocar as coisas no seu devido lugar:

– Mas esse gol ele copiou de mim!

Minha mãe aparece para tentar entender a súbita balbúrdia que eclode na sala. Encontra cinco adolescentes rolando às gargalhadas enquanto eu tento salvar meu moral e compostura:

– Juro! Foi no futebol da Educação Física, no início do ano. A bola veio e eu encobri de calcanhar. Foi igualzinho. O Betinho viu! O Vanderlei tava no gol. Diz pra eles, Betinho!

Mas o Betinho, a essa altura, está atirado no chão, rindo.

Eu e meus amigos somos da geração de 1980. Crescemos acostumados com a ideia de que Pelé era o melhor do mundo e Zico o melhor do Brasil – numa época em que o Brasil reivindicava o melhor futebol do mundo. Pelé, no entanto, estava já distante da nossa realidade. Não havia assombrado a nossa infância como aquele Flamengo insuperável e multicampeão do Zico. Jamais fora aquele jogador que parecia ser o próprio dono do Maracanã, como Zico. Pelé era uma lenda, mas Zico era real: ninguém o questionava, ninguém o igualava. A não ser eu, é claro.

Já irritado, eu proponho que a gente vá até o campinho da escola para recriar a jogada. Temos Educação Física à tarde, podemos chegar mais cedo e aproveitar para tirar a limpo. Meus amigos topam o desafio, mas impõem as condições: eu só terei uma chance; se eu errasse o lance, teria de pagar picolés para todos eles.

– E se eu acertar?

A turma confabula rapidamente. Alguns riem, outros acham um absurdo eu querer ganhar qualquer coisa nessa aposta. Até que o Fábio, um dos meus amigos mais próximos, decide me fazer uma caridade moral: se eu acertar, ele promete me dar a camiseta do Flamengo, uma número 10 com patrocínio da Lubrax que ele tem no armário há tempos. Meio velha, mas bonita. Ok, eu topo.

Chegamos ao campinho uma hora depois, com o sol alto e as árvores paradas no ar quente do verão. No caminho, meus amigos chamam mais pessoas para testemunhar o "gol que o Zico fez". Em poucos minutos, uma dezena de adolescentes está ao lado da goleira para ver o lance. Até o Vanderlei está lá, a postos para bancar o goleiro novamente.

Tudo pronto, o Betinho alça a bola para a área com a mão. Eu calculo a distância e me preparo para finalizar. Estou nervoso, quero que o gol saia ainda melhor do que na primeira vez. Alço o corpo para a frente, deito no ar, ergo a perna e sinto claramente quando a bola bate em meu

calcanhar. Caio de peito no chão e como um pouco de areia antes de escutar a vaia generalizada. Quando me recomponho, descubro que a bola subiu demais e passou por cima do muro da escola. Parou lá na rua. Um fiasco. Uma menina ainda comenta:
— Bem feito, tá achando que tu é igual ao Zico?
Gastei, ao todo, 15 cruzeiros para pagar a aposta e nunca mais cogitei que qualquer pessoa pudesse ser igual ao Zico.

Zico sempre foi meu ídolo. Mesmo eu sendo vascaína

Anna Barros – médica e jornalista

Chorei demais quando a Seleção Brasileira de 1982 perdeu aquele jogo contra a Itália de Paolo Rossi, na tragédia do Sarriá, e mais ainda quando ele perdeu um pênalti em 1986, no México. Minha maior alegria foi tê-lo entrevistado para o meu blog em 2008.

O seu site (ziconarede.com.br) me inspirou a escrever o Blog da Anninha no portal Terra em 2006, quando eu nem pensava em ser jornalista. Quase morri quando ele respondeu às minhas perguntas por e-mail (ele treinava o Fenerbahçe) e quando me desejou Feliz Natal lembrando sempre da minha família. Apesar de ser amiga de infância de sua sobrinha Katia Coimbra, nunca tivemos a oportunidade de nos conhecermos pessoalmente, mas todas as vezes que lhe pedi ajuda ele não se furtou em me ajudar com simpatia, carinho e humildade.

Ele é o meu maior ídolo no futebol, mesmo sendo rubro-negro de carteirinha, porque sempre respeitou as torcidas adversárias, vestiu com primor a camisa da seleção e sempre foi um exemplo de caráter e bondade. Temos uma paixão em comum: a Beija-Flor de Nilópolis, escola do coração de ambos, o que muito me orgulha.

Senti-me lisonjeada ao receber esse convite da Priscila Ulbrich, do site Donas da Bola, para fazer um texto em homenagem a Zico.

Como não amar Zico? Não tem como!

Zico em canção

Arlindo Cruz – sambista, compositor e intérprete

Tudo começou nas ruas de Quintino
Realização dos sonhos de um menino
Tabelar, calcanhar e matar no peito
Dominar a emoção, tocar de efeito
Sobre as barreiras que a vida reservou
Treme a arquibancada pressentindo mais um gol
Um artista a pintar o mundo de preto e vermelho
É carnaval
Vi o gênio jogar
E ao balançar a rede correr pra geral

ZICO é o Rei dos Humildes
Glória do manto sagrado
Deus (luz) do povo rubro-negro
Luz que brilhou nos gramados
Todos se curvam à camisa 10
Sessenta anos de amor e de fé
Multiplicando milagres com a bola no pé

"Cracaço"

Arthur Capella – rubro-negro, carioca da gema

Zico foi o maior responsável por este amor sem fim que tenho pelo Mengão, pois, além de jogar muito, era um exemplo dentro de campo liderando o time, se dedicando e demonstrando muito amor ao Flamengo.

Tive a sorte de ver o Zico em campo junto com aquele time maravilhoso. Zico em campo era a certeza de grande espetáculo, muitos sorrisos na arquibancada ao lado de meu pai e muitos campeonatos brasileiros, cariocas. Era muita alegria, muita festa com a nação na arquibancada.

Todas as três vezes que tive a sorte de encontrá-lo, foi muito emocionante! Mas me sentia à vontade, pois Zico é um cara muito bacana, que transmite alegria, carinho e respeito pelo torcedor sem igual. Espero ter a chance de encontrá-lo muito mais vezes e sonho um dia poder jogar uma pelada juntos, e dar um passe para um gol dele.

Enfim, Zico é um cracaço dentro e fora das quatro linhas, um grande ídolo, uma referência!

Então é Natal

Arthur Chrispin – advogado de formação, flamenguista por religião

Para o rubro-negro, a data de nascimento do Messias não é 25 de dezembro, mas 3 de março. Nesse dia, sob a égide das bênçãos flamenguistas, nasceu Arthur Antunes Coimbra, o Messias Zico, ídolo maior da massa magnética passional vermelha e preta. Nascido na manjedoura de Quintino, curiosamente filho de um português morador de subúrbio que não era vascaíno – algo raro –, o menino Arthur cresceu para redesenhar a história flamenguista, dividindo o Clube de Regatas do Flamengo em a.z e d.z – antes de Zico e depois de Zico.

Com seus apóstolos ao lado, levou o time a brilhantes conquistas, tanto no Antigo Testamento – até 1983 –, quanto no Novo Testamento – 1987. E não adianta os neopentecostais da objetividade quererem dizer que 1987 não foi um título válido. Quem estava no estádio sabe que foi; quem foi atropelado por aquele time, também. Dizer que um campeonato menor foi O campeonato é ser pagão no futebol e não pregamos o paganismo – pelo menos não no esporte que mais importa.

O pequeno Arthur, recém-nascido, recebeu em sua manjedoura a visita dos Três Reis Magos: o primeiro trouxe o manto sagrado, o Santo Sudário em vermelho e preto; o segundo presenteou-o com uma chuteira, para que batesse as faltas com precisão; e o terceiro trouxe a faixa de capitão, para que iluminasse e comandasse a sua legião de fiéis, que se reuniam principalmente no Maracanã, para acompanhar em seu templo preferido mais de 500 sermões flamenguistas, cujo amém era substituído pelo uníssono grito de gol.

Zico, imortalizado pelos bardos em orações como "Camisa 10 da Gávea", de Jorge Ben Jor – nosso Padre Marcelo Rossi. Zico, cujas cobranças de falta foram até tema de programa de TV na Itália. Zico, que foi temido e respeitado por todas as torcidas rivais, com reverência até. Zico, que, além de ser Messias de toda uma Nação, cruzou o Oriente para ser pregador e refundador da religião futebol em outro país, colocando o Japão no mapa do esporte mundial, após anos de anonimato.

Pouco importa se em sua vida Zico teve uma *via crucis* particular. Estações dolorosas como a perda de Geraldo, seu irmão de fé, as Copas de

1982 e 1986, a perseguição do Herodes Marcio Nunes, a derrapada como Ministro de Collor e, posteriormente, a crucificação como diretor do seu povo e Nação, cuja diretoria antiga o negou mais de três vezes, embora a atual tente reparar os estragos. Zico, como ser humano, sempre foi exemplo e, nos corações flamenguistas, é imortal.

Obrigado, Zico. Eu lhe devo muito. Eu lhe devo grande parte da alegria de ser rubro-negro. Eu lhe devo meu nome, batizado assim porque meu pai é flamenguista e se encantava contigo. Eu lhe devo a possibilidade de, em minha infância, durante 90 minutos, várias vezes, ter sido invencível, um super-herói.

Obrigado, Messias Zico. Amém, Messias Zico. Ou melhor: Gol do Messias Zico.

Humildemente uma estrela

Bobô – ex-jogador do Bahia, campeão brasileiro de 1988

Não acredito que eu vá falar algo sobre Zico que outros não tenham falado. Porque Zico é uma pessoa que sempre se portou da mesma maneira. Ele é o que é.

Representou muito para minha geração. Ele era o que eu gostaria de ser como homem e como atleta. Embora não fosse torcedor do Flamengo, Zico era referência para mim. Não só pelo profissionalismo, pela genialidade em campo; não só pela maneira como ele conduziu a vida dele no futebol.

Mas pelo homem que ouvíamos falar. Sempre elogiado pela humildade, pelo caráter, pelo companheirismo. Por onde passasse, as histórias que ouvíamos eram as mesmas, todas contavam de um Zico humano, leal, dedicado, um exemplo a ser seguido.

Não tenho intimidade com Zico, mas quero deixar registrado que ele teve um papel importante na minha formação.

Zico, um homem tão humilde que é uma estrela. Características que, juntas, são típicas dos grandes homens!

O cara!

Bruna Viel – jornalista

Acontece com algumas mulheres. Enquanto, na infância e adolescência, a maioria não está nem aí para o futebol, você começa a perceber que é diferente das outras, que aquilo, sabe-se lá por que, faz parte da sua vida. Palmeirense que sou, essa minha percepção veio na final da Libertadores de 2000, contra o Boca. Após sermos campeões no ano anterior, apesar da derrota no Mundial, conseguimos chegar à final da competição no ano seguinte, mas perdemos nos pênaltis. E eu, pela primeira vez, chorei por causa do meu Palmeiras. Chorei muito. Chorei de verdade, sentida. Então, com 11 anos, me dei conta de que o Palmeiras, assim como o futebol, estaria comigo para sempre.

Eis que a garotinha que gostava de futebol coloca uma coisa na cabeça: fazer faculdade de jornalismo para trabalhar com... futebol, é claro! E mil pessoas foram contra, e mais mil falaram que esse era um ramo difícil de entrar, e mais mil disseram que era mais difícil ainda para as mulheres. Mas nada faria com que ela desistisse. Um ano antes de acabar a faculdade, larguei um emprego de quatro anos em um banco, onde tinha estabilidade garantida, e fui atrás de algo na área. Consegui!

No início da entrevista de emprego, antes de qualquer pergunta, meus olhos já brilharam quando ouvi que uma das funções da vaga era administrar e criar conteúdo para as mídias sociais do Flamengo. Rezei, torci e não dormi até receber a resposta. PASSEI! Comecei a trabalhar no dia 19/11/2012 sem ainda saber a importância da data que se aproximava. Sim, faltavam 24 dias para 13/12/2012, ou melhor, 24 dias para os 31 anos do Mundial do Flamengo.

Sem ainda saber a dimensão de tudo aquilo, fui pesquisar. E embora já tivesse ouvido falar muito de um tal de Zico, cracaço de bola, não o vi jogar. Quer dizer, não tinha visto até então. Como toda jornalista que se preze, li e vi tudo o que podia sobre o Galinho. A conclusão, uma só: ele é o CARA. E vou confessar uma coisa aqui, só para você: embora a gestão anterior do Flamengo evitasse qualquer tipo de vínculo com ele, uma das maiores burrices da era Patrícia Amorim, eu fui teimosa. Fiz questão de deixar as mídias repletas de Zico. Desmerecê-lo seria mais que falta de educação, seria falta de caráter.

Por ironia do destino ou não, nessa mesma época, comecei a escrever para o Donas da Bola – do qual tenho muito orgulho de fazer parte. Muito mesmo. Logo de cara descobri que ele era o nosso padrinho. Meu Deus, quanta honra. Depois de vê-lo em diversos vídeos brilhando com a bola nos pés, conheci outro Zico – igualmente brilhante. Solidário, humilde, amigo e de caráter inquestionável. Se entrou na minha lista de ídolos? É claro! Está entre os primeiros dela!

Ídolo de uma Nação

Bruno Nin – designer

Não tenho idade para ter visto Zico jogar, mas tenho idade suficiente para ter a certeza de que é o meu maior ídolo.

Cresci ouvindo as histórias sobre aquele jogador que sempre era citado nos estádios, nos jogos do Flamengo. Fui lendo sobre ele, vendo vídeos e me emocionando em cada roda de rubro-negros, mais velhos, que falavam quão foi importante aquele jogador ao Flamengo. Não só dentro das quatro linhas, mas fora delas também.

O sonho de todo rubro-negro é conhecer Zico. Tive a oportunidade através do site Magia Rubro-Negra, em 2010, que fez uma entrevista com ele. Fui convidado para participar. Se eu era fã, fiquei mais ainda.

Parecia que éramos amigos de longa data, tratou todos com muito carinho. Lembro-me de que não consegui falar uma palavra, estava em estado de choque.

Aquele cara ali ao meu lado era o Zico, ídolo de uma nação!

Até hoje me emociono com as diversas histórias sobre ele. Por isso não tive dúvidas ao ser convidado para fazer parte do movimento: "É para o Zico? Claro que estou dentro. É só me falar o que tenho que fazer". Tudo o que fizermos para o Zico ainda será muito pouco.

Vida longa ao Rei! Viva, Zico!

Zico e a troca da anestesia

Cadu Machado – assessor e empresário de futebol

Zico faz 61 anos de idade, e há quase 37 só me proporciona alegrias e realizações, porém uma delas foi muito especial!

Já poderia ter lhe contado pessoalmente, pois felizmente hoje, graças à minha profissão de assessor de imprensa de atletas, tenho a alegria de ter contato direto com jogadores. De qualquer modo, ainda não lhe contei e agora o farei.

A passagem de alegria que Zico me proporcionou foi juntamente com mais de 90 mil pessoas no Maracanã, na noite de 6 de fevereiro de 1990, dia do jogo de sua despedida. A data da despedida daquele que, sem dúvida, é meu maior ídolo no esporte, a quem carinhosamente chamo de maior Arthur de todos os tempos, coincidia com a de uma cirurgia que eu precisava realizar em meu braço esquerdo. Felizmente, eu seria operado na cidade do Rio de Janeiro, mesmo local do estádio, onde, à noite, a partida de despedida de Zico seria realizada.

Quando cheguei ao hospital no bairro de Botafogo, pedi a meu querido pai que fosse até o Maracanã comprar nossos ingressos para a partida e, assim, não ficarmos de fora da bela festa que seria realizada para nosso ídolo. Porém, meu pai pediu que aguardasse o término da cirurgia, para então ir até o estádio e adquirir os bilhetes. Dessa forma, ele me acompanharia na cirurgia e saberíamos como eu estaria passando após o procedimento. Não gostei muito, mas aceitei.

Fui colocado na maca do hospital e encaminhado para o centro cirúrgico no final da manhã. Chegando lá, pedi que chamassem o anestesista, pois precisava "ordená-lo" de uma situação... A anestesia tinha de ser local, pois eu precisaria ir ao Maracanã à noite. Caso contrário, eu não teria condições de ver meu maior ídolo se despedir do esporte que tanto amo. E assim, quando o anestesista apareceu, "ordenei" que a anestesia deveria ser local, porém, ele queria aplicar a geral. Então, disse a ele: "Beleza, estou levantando e faremos a cirurgia em outro dia, porque hoje vou ao Maracanã à noite ver o Zico se despedir".

Após um longo diálogo entre o cirurgião e o anestesista, consegui convencer ambos e o procedimento foi realizado com a anestesia local.

No retorno ao quarto, encontrei meu querido pai e cobrei a compra dos ingressos do jogo. Ele, imediatamente, me deixou no hospital com minha mãe e foi ao estádio comprar os bilhetes para assistirmos à despedida de nosso maior ídolo. Retornou para me buscar no final da tarde, quando, já com proteção reforçada em meu braço, eu o aguardava para seguirmos para o Maracanã, a fim de ver o Zico brilhar em sua última grande atuação, não a maior, pelo fato de o goleiro Taffarel ter fechado o gol e impedido que Zico marcasse em sua despedida.

Mas isso foi apenas um detalhe. O detalhe maior é que faria tudo novamente, pois, para ver o Zico jogar, encantar, vale realizar todos os esforços.

Felizes daqueles que o viram jogar... Eu sou um deles!!!

Zico fenomenal

Carlão – ex-jogador de vôlei, campeão olímpico pelo Brasil em 1992 e da Liga Mundial em 1993

Eu sempre tive o sonho de ser um jogador de futebol (goleiro) e toda essa paixão pelo esporte começou depois de conhecer e acompanhar todos os jogos do Flamengo, tanto pela TV quanto pelo rádio. Simplesmente não perdia o Garotinho José Carlos Araújo narrando os jogos do meu Flamengo. Torcer pelo Flamengo começou com toda a admiração pelo Zico, esse fenomenal atleta. Até porque meu pai é antiflamenguista roxo, mas o Galinho seduziu os três filhos do Sr. Nelson.

Sempre me marcou a forma como o Galinho jogava sem firulas, com objetividade em direção ao gol. Ele era o meio-campista goleador com a maior classe e categoria que eu já vi em um atleta.

De um garoto franzino, que foi preparado para ser um grande atleta, eu tirei meu exemplo de que qualquer coisa é possível com dedicação. Eu não segui a carreira de jogador de futebol, mas descobri que tudo era possível com dedicação e muito profissionalismo, e foi o Galinho quem me mostrou isso.

Posso falar de vários momentos importantes e de partidas memoráveis, mas a que mais me marcou foi Flamengo x Atlético-MG em 1980, no Maracanã, que foi um verdadeiro show. E o Mundial em 1981, no qual Zico foi o melhor jogador em campo na final, sem marcar gol, mostrando sua grande categoria em saber jogar para a equipe.

Esses momentos estão marcados para sempre na minha vida e na de todos os flamenguistas.

Como apaixonado pelo esporte, serei sempre grato a esse mito que, antes de ser rubro-negro, foi um dos maiores atletas brasileiros e mundiais. Zico merece toda a gratidão dos brasileiros por tudo o que ele fez pelo esporte.

Quanto a mim, posso dizer apenas uma coisa: antes do vôlei, apareceu o Galinho na minha vida.

Vida longa e maravilhosa a você e sua família, ídolo!

Zico, meu quase padrinho

Carlos Gil – jornalista da Rede Globo

Zico já ocupou patamar daqueles ídolos inatingíveis. Ainda que algumas dezenas de metros separem a arquibancada do gramado, estar ao lado de um semideus da bola parece, aos olhos de um menino, algo muito mais especial, beirando o impossível. Incontáveis visitas feitas ao lar doce lar do Galinho, o Maracanã, nas tardes de domingo. E nada de conseguir dizer a ele quanto representava em nossas vidas (se bem que a chance de travar e não conseguir pronunciar um "oi, tudo bem?", "muito prazer e... obrigado" seria enorme).

Por sorte, a profissão que escolhi – e ele é um dos culpados por isso – me proporcionou momentos incríveis frente a frente com esse cara que traduz o significado da palavra ídolo.

Foi a ele que, já jornalista, pedi um autógrafo. Zico me perguntou a quem dedicar. Imaginava que eu atendia ao pedido de um amigo, irmão, pai, tio, sei lá. Quando disse: "para mim mesmo, Carlos", ele sorriu e caprichou na dedicatória. A camisa está lá em casa, um tanto amarelada, mas resistindo ao tempo.

Ao longo dos anos, nossos encontros foram ficando mais frequentes e já não me assombrava mais ficar diante do herói da minha infância. Sobretudo depois que, da Turquia, o Zico gravou um depoimento desejando felicidades a mim e a minha esposa no dia de nosso casamento. O vídeo foi exibido num telão, no salão de festas, sob olhar estupefato de muitos convidados. Menos dos queridos amigos que o contataram e pediram a gentileza prontamente atendida.

Uma surpresa e uma emoção inesquecíveis. Agora já posso dizer por aí: sabe o Zico? É meu padrinho de casamento! É uma versão dos fatos, mas quem disse que a versão não pode ser mais saborosa que a realidade?

Por tudo isso, hoje não corro o risco de paralisar diante dele e posso falar: Galo, parabéns. E obrigado por tudo!

Primeiro e único

Cláudia Manhães – jornalista

Em 2009, o site de um renomado programa esportivo de TV lançou a seguinte promoção: "Por que o Zico é um mito do futebol brasileiro? Justifique sua resposta e concorra a um DVD do documentário Zico na Rede".

Meu coração bateu apressado, e pensei: vou escrever. Se rolar, rolou. No mínimo, eu vou dizer o que penso do meu ídolo. Pode ser que, um dia, ele leia isso, e já terei ficado feliz. Preenchi o espaço – com limite de caracteres –, tentando resumir, rapidamente, o meu sentimento. E mandei:

Camisa do Mengão: R$ 199
Ingresso para o jogo: R$ 70
Entrevistar o seu maior ídolo: NÃO TEM PREÇO

"Zico é unanimidade até entre os 'não flamenguistas'. Seu exemplo inquestionável de caráter e espírito desportivo faz com que todos o admirem, superando qualquer rivalidade. Seus gols sempre foram comemorados euforicamente com sua torcida, em vez de provocar as torcidas adversárias. Nunca protagonizou situação vergonhosa dentro ou fora dos campos. Se hoje o Flamengo é uma 'nação', é porque sua passagem pelos gramados gerou uma verdadeira multidão de admiradores desse gênio do futebol brasileiro".

Não sei se ele chegou a ler, mas o fato é que, alguns dias depois, recebi a ligação de um representante do site, solicitando o meu endereço completo porque eu havia sido contemplada pela promoção. Parecia que eu tinha recebido um automóvel. Pulei de alegria e contei para os familiares e amigos mais próximos. Um deles, levemente recalcado, respondeu por e-mail: "grande coisa... um DVD". E a minha resposta: "poderia ter sido um chiclete que a minha reação teria sido a mesma".

Falar do Zico é algo muito difícil pra mim. Mais difícil ainda foi conseguir, numa outra ocasião, manter o profissionalismo diante do "deus" de todos os flamenguistas, ao entrevistá-lo para uma revista corporativa de um cliente. Fiz de tudo para não tietá-lo, pois o mínimo que se espera de um jornalista é a discrição, a coerência e a imparcialidade.

Consegui mostrar tudo isso por quase duas horas, tempo de duração da entrevista. Mas, ao final, com meu fotógrafo ali, do meu ladinho, registrando as imagens do nosso homenageado, não me contive: "Zicão, posso tirar uma foto contigo? Se eu for pra casa sem esse registro, vou me arrepender para o resto da minha vida". É claro que ele concedeu a foto, sorridente, como ídolo exemplar que é.

Ali eu tive a exata dimensão da sua importância para os adeptos do futebol, porque, na ocasião, a minha estagiária, botafoguense fanática, esteve boquiaberta durante toda a entrevista, e também não perdeu a oportunidade de registrar aquele instante.

Hoje, graças ao site Donas da Bola, tenho a oportunidade de realizar mais um sonho: o de homenagear o nosso Zicão. Esse exemplo de profissional, que eu acompanho desde a infância, por quem eu soluçei de tanto chorar no jogo de despedida pelo Mengão e a quem agradecerei eternamente pelas principais glórias que pude viver com o meu time do coração.

A você, Arthur Antunes Coimbra, desejo, em dobro, todas as alegrias que nos proporcionou e ainda proporciona. Novos ídolos até poderão surgir, mas jamais haverá outro Zico. Que pena!

Habemus Rei! Ave, Rei Arthur! Salve o meu Flamengo!

Cláudio Cruz – fundador da Raça Rubro-Negra

Lembro-me de ter visto o Galinho jogar no Estádio da rua Conselheiro Galvão em Madureira. Foi lá que este torcedor rubro-negro, de habilidade futebolista superduvidosa, fez teste para jogar. Um horror!!

Um horror? Nada disso. Que honra! Pois lá foi onde o nosso Zico fez das suas primeiras partidas. Eu morava lá e estava lá. Ele nem era ainda o "Pintinho de Quintino"! Habemus Rei! Só o Santos de Pelé e o Flamengo de Zico fizeram reinado. Zico é o rei de uma nação e como diz a música comemorativa dos seus 60 anos (Autores: Arlindo Cruz/André Diniz): "Zico é o rei dos humildes". Humildes? É o cacete! Eu sou Flamengo!

Tenho a maior torcida do mundo, sou bicampeão mundial (lembra de 1981 e da Fla-Madrid, do gol de Raul e de Sávio jogando? Quem não vibrou como um verdadeiro campeão?).

Sou vermelho e preto. Enquanto o mundo avança com tecnologia em milhares de cores, tem times que insistem em ser preto e branco. Credo!

Voltando para o nosso ponto principal, o Rei Arthur, ele foi um mágico que embalou a minha vida, a sua e a de tantos outros torcedores.

Tenho grandes amigos, torcedores adversários, que passavam as tardes de domingos no Maracanã (Estádio do Flamengo), pois eram apaixonados pelo Flamengo de 1981 e por Zico.

Foi um momento único. Cláudio Coutinho no comando, Domingos Bosco na supervisão, Zico e cia. no gramado e a Raça Rubro-Negra, mudando comportamento e conceitos de torcer.

Como eu sou feliz! Eu vivi integralmente esse momento. *"Agora como é que eu fico nas tardes de domingo, sem Zico no Maracanã?"* (Moraes Moreira).

Camisa número 10

Cléber Machado – narrador

É falta na entrada da área. Adivinha quem vai bater? É o camisa 10 da Gávea... Assim começa a música feita por Jorge Ben Jor em homenagem a Zico.

Zico faz boa tabela com música? Nos anos 1980 os talentos de um novo rock brasileiro agitavam o país. Legião Urbana, Titãs, Paralamas do Sucesso falavam em música por uma geração. Zico driblava, devastava defesas, dava ritmo aos jogos e, como as bandas, levantava a galera. Mensagens do rock e da bola, para ver e ouvir sempre.

Reis ficam na História. Pelé, no futebol. Roberto Carlos, na música. Zico é História. Depois da era de Pelé em campo, insuperável e eterna, foi de Zico a coroa. Como as canções inesquecíveis de Roberto Carlos, os gols, as arrancadas, a vibração, o poder de decisão de Zico nunca sairão da parada.

Os times de Zico, o Flamengo, a Seleção de 1982, eram verdadeiras orquestras de jogar bola. Ele era regente, solista, arranjador. Sem deixar de ajudar a carregar o piano. Como fez no Japão, tornando o futebol um sucesso.

Rio, Maracanã, arte, povo. As lutas, o comportamento, o ídolo. A vida do Galinho sessentão é um enredo e desfilará no sambódromo, como tema da Imperatriz Leopoldinense. Claro que Zico também dá samba.

Zico é 10. Como atleta. Na generosidade. Na humildade. Em 2002, durante a Copa do Mundo, a experiência inesquecível de assistir ao jogo Brasil e China na casa de Zico, no Japão. Ele nos recebeu como amigos antigos. E eu lá, um olho na TV e outro nas reações de Zico, aquele Zico que em campo foi um dos responsáveis por a gente achar o futebol tão legal.

Licença para mais um som. Som que é música para ouvidos que gostam de futebol. O som de um gol no rádio. E se começamos o jogo com a canção de Jorge Ben Jor, terminemos com a de Jorge Cury... "Quem ouviu, não esquece... A voz poderosa, gritando o gol... goooolaço aço aço... Ziiicoooo... Camiiiisa número 10..."

Ei, Zico!... E ele sempre atende

Cris Dissat – jornalista

Grandes momentos da minha adolescência foram nas arquibancadas do Maracanã, acompanhando todos os jogos possíveis do Flamengo. A vontade era tanta que, em jogos menores, sentávamos nas escadas do acesso do Bellini, esperando os portões abrirem para correr pela rampa monumental até entrar no estádio.

Arquivo pessoal

Acho que não tinha a noção exata do momento que o Flamengo vivia com Zico em campo. Não havia questionamento sobre ele. O que sentíamos, sem saber, era a tranquilidade de vê-lo jogar. A segurança que ele passava não só ao time, mas para a torcida inteira.

Nem dava para imaginar que anos mais tarde estaria sentada na Tribuna de Imprensa do Maracanã, acompanhando o trabalho dele como Diretor de Futebol do Flamengo.

Minha rotina na cobertura dos jogos era assistir ao início do jogo na parte externa da Tribuna e depois ir para a "bolha". Prestando um pouco de atenção, notei que Zico sempre ficava em uma mesma cabine, do lado esquerdo. Passei a dar um jeito de sempre sentar por onde seria o caminho dele na saída. Confesso que, quando ele passava, faltava coragem de chamá-lo numa mistura do lado da tietagem e de profissional. Mas, uma vez, tomei coragem e chamei – bem baixinho – "Ei, Zico". E ele parou e olhou com a expressão de que está, realmente, prestando atenção em você. Pedi uma foto para o Twitter do @fimdejogo e ele, sem o menor problema, parou para a foto.

Mas não fui uma premiada. Zico é assim: ouve alguém chamando por ele e dá atenção a quem precisa dele. É isso que o transforma em um ídolo, em uma pessoa que é respeitada não só por quem torce pelo rubro-negro, mas por todos que admiram um trabalho impecável de uma vida inteira.

Parabéns, Zico, por ter transformado meus anos de adolescente torcedora em momentos inesquecíveis e por ter mostrado, anos depois, que nosso carinho por esse fantástico jogador sempre teve um porquê.

Garotinho Zico!

*Dadá Maravilha – ex-jogador de futebol,
campeão da Copa do Mundo de 1970*

Bem, eu estou tendo a honra e a felicidade de falar do Zico. O Zico, eu conheço desde pequenininho e tenho uma gratidão muito grande ao irmão mais velho dele, o Antunes, porque foi ele que fez o Dadá. Porque eu era beque central, muito ruim e dava porrada. Dei tanta pancada no Antunes, mas ele meteu cinco gols em mim.

O time era o do Juventude contra o colégio da Escola Quinze. Ele chegou perto de mim e falou assim: "Ó menino, você é muito ruim, mas, com essa velocidade e essa impulsão que você tem, vai pra centroavante". E eu fui pra centroavante e hoje sou o Rei Dadá. Então, eu devo demais ao Antunes, irmão do Zico.

E o Zico? Ele ajudou o Dadá a ser feliz, porque quando meus filhos nasciam, eu sempre dava o nome dos gols a eles. Como quando a Cláudia, minha filha, nasceu. Zico foi ao fundo e cruzou e o Dadá fez o gol contra o Náutico, no Maracanã. Então, o Zico entrou na minha vida também porque ele me ajudou a fazer o gol.

E a história que o Zico conta também, contra o Corinthians. Flamengo e Corinthians no Maracanã: ele me deu dois lançamentos mamão com açúcar, mas eu perdi. Aí eu cheguei perto dele e falei: "Ô Zico, não me dá mamão com açúcar não, me dá dividida com os beques aí que eu quero entrar no peito de aço". E eu fiz dois gols, Zico fez dois gols e o ponta-esquerda Júlio César fez um. Nós ganhamos de 5 x 1 do Corinthians.

O Zico tá muito presente na minha vida e nós somos amigos. Ele era garotinho e eu lembro que quando voltei da Copa do Mundo, tricampeão mundial, o primeiro lugar onde passei no Brasil foi na casa do Zico, lá em Quintino. E ele, garotinho, ficou abraçado comigo. Estava o Antunes, o Zico, o pai e a mãe dele. Zico marcou muito a minha vida, pois temos muitas histórias paralelas.

Vida longa ao Rei!

David – jogador de futebol do Coritiba

Quando as pessoas me perguntam sobre como foi trabalhar com o Zico, eu sempre digo que ele foi uma das melhores pessoas que conheci em minha carreira. E olha que trabalhei com muita gente, hein...

Tanto pela história que tem no futebol, tanto jogando ou como na função de técnico, ele é um cara espetacular. Humildade, bom coração, sinceridade, profissionalismo, alto astral e lealdade são apenas algumas das muitas virtudes que eu poderia apontar no Galinho.

Nasci no Rio, nunca escondi o carinho pelo Flamengo e, quando garoto, sempre tive o Zico como uma referência. Um exemplo de atleta e de ser humano. Por isso, ao conhecê-lo, no Fenerbahçe, fiquei muito feliz. E a imagem que eu tinha dele só foi ficando ainda mais positiva.

Ele é uma pessoa que todo mundo respeita, mas de quem ninguém tem medo. É um cara de diálogo, aberto com os jogadores. A gente sabe que é ele quem manda, tomas as decisões, mas não é rancoroso quando alguém conversa e expõe sua opinião sobre o trabalho.

Além disso, tem um humor bem carioca, que cativa. Uma vez, na Turquia, estávamos conversando entre os brasileiros do Fenerbahçe. Eu, Alex, Roberto Carlos, Edu Dracena e Maldonado, que é mais brasileiro que chileno...

Quando chegou perto e viu aquele grupo, o Zico brincou: "Nossa! Deixa eu chegar nadando, porque nessa rodinha só tem traíra!". Todos riram muito e depois a gente teve que explicar para os turcos que, no Brasil, traíra tinha outro significado, além de peixe...

Outra passagem que me marcou muito foi em dezembro de 2010, quando já estava no Flamengo. Eu participei da organização de um jogo beneficente promovido pelo ex-zagueiro Narciso, com quem joguei no Santos, na Vila Belmiro, juntamente com o Neymar e o Falcão, do futsal.

Eu convidei o Zico, que topou na hora. Na verdade, foi ele quem me agradeceu, dizendo que, no período em que vestiu a camisa 10 do Flamengo, nunca havia jogado no estádio que consagrou Pelé.

Infelizmente, alguns dias antes da partida, ele machucou o braço. Mesmo assim, fez questão de ir a Santos, entrou em campo, deu o pontapé inicial e ficou no banco o tempo todo, contando muitas histórias e descontraindo o ambiente.

Depois, ainda tive a felicidade de recebê-lo em meu apartamento em Santos. Quando era garoto, nem em sonho poderia imaginar que, um dia, ele iria jantar em minha casa, com minha família.

É por essas coisas que o Zico é o que é. Uma pessoa do bem, um cara iluminado, querido por todos e que merece tudo de bom.

Zico para meninos... e menina!

Dani Souto – professora de Educação Física, fisioterapeuta e torcedora do Flamengo

Pensa numa criança com a bola de futebol do irmão mais novo, chutando-a na parede da varanda. Toda tarde (ou quase toda), ela vestia uma camisa branca, com certo número 10 nas costas e que tinha um CRF no lado esquerdo. A cada acerto numa determinada parte da parede, essa criança gritava efusivamente: goooooooool da Zica! Sim, a criança em questão era uma menina, então não poderia ser chamada de "Zico".

Zico era para meninos e eu sou uma menina.

Eu deveria ter uns 5 ou 6 anos e essa é a primeira lembrança que tenho do Zico na minha vida. Lembro que os adultos ao meu redor, que eram a minha referência em Flamengo, tinham uma admiração fora do comum pelo camisa 10, e desde então falavam que o Zico era mágico. Meu time de futebol tinha um mágico!

Outro *flash* vem à memória com o Zico perdendo o pênalti na Copa de 1986, várias pessoas o xingando de bichado. Enquanto muitos estavam com raiva do Zico por ter perdido o pênalti, eu fiquei com ódio da Seleção Brasileira, que o magoou. Ele fez um esforço danado para jogar por aquele time de camisa amarelo-ovo, para ser xingado?

Aí, vem mais um flash: estava fazendo um desenho antes do jogo contra o Internacional pela decisão do Campeonato Brasileiro de 1987. Fiz uma trave, a bola, colori o gramado de verde. E saí repetindo: o Zico vai fazer gol, o Zico vai fazer gol, o Zico vai fazer gol.

Todo esse carinho, todo esse amor pelo Zico é, acima de tudo, coisa de energia. Poderia ser assim com o Roberto Dinamite, com o Sócrates ou até mesmo com o Andrade. Mais do que pelo que ele (e outros) fez pelo Flamengo, que é um dos grandes amores da minha vida, todo esse carinho vem da minha admiração, vem do que ele foi e é fora de campo, do exemplo pela ação, pela determinação, pela simplicidade, de sempre trilhar o caminho do bem, de entender quão importante é para milhões de pessoas. Esse carinho, esse amor, me faz ter raiva do que o faz mal, é não aceitar que falem mal dele, é preservar e contar a todos quem é e quem foi o Zico, com toda a magnitude que ele merece.

É impossível falar de Zico sem colocar um sorriso no rosto e sem agradecer a Papai do Céu por ter colocado ele no Flamengo. Eu sou duplamente abençoada. Mesmo. Eu tenho o Flamengo em minha vida e o Zico como exemplo. E, como retribuição disso, tenho que bater palma, idolatrar, vibrar, torcer, defender e amar. É obrigação. Obrigação cumprida com satisfação!

Nada mais, nada menos do que uma súdita deve fazer. Vida longa ao rei!

Filho da p...!

Darino Sena – jornalista e comentarista da TV Bahia (Rede Globo)

Quando você perdeu o pênalti em 1986, eu tinha 5 anos. E ouvi meu pai te chamar de filho da puta. E você virou um filho da puta pra mim também. Aí, eu cresci e descobri sua história.

O amor pelo futebol que veio de berço. As horas de condução com o pai pra chegar à Gávea. A dedicação de uma família inteira em nome de um sonho. O sonho do seu pai realizado no simples fato de ver o filho entrar em campo com uma camisa das duas cores do coração dele.

O empenho pra "encorpar". As dores. O sacrifício pra voltar depois de tantas lesões. Mais dores. Não saber se ia sequer andar novamente. Ter que ser carregado no colo. A sacanagem política que te tirou das Olimpíadas. A perda do amigo Geraldo. Ser o maior craque da melhor seleção que o mundo não viu ser campeã do mundo. Ter jogado no sacrifício na Copa seguinte e só ser lembrado pelo pênalti perdido sem as plenas condições físicas.

Não foi nada fácil ser Zico. Mas você conseguiu. Nos gols de fora da área, de cabeça, no oportunismo, nos dribles, nos passes, nas arrancadas, nas cobranças de escanteio, pênalti e falta. Pelo Brasil, na Itália, no Japão e, sobretudo, no Flamengo. Uma instituição que, antes de você, era um clube. E que você transformou numa Nação. A maior Nação exclusivamente de futebol do planeta. Você tem noção do que você é?

O Flamengo deve muito a você. O futebol brasileiro, ainda mais. O que seria do Maracanã que não um eterno mausoléu de 1950 se você não tivesse aparecido pra exorcizar todos os nossos fantasmas de lá? Você trouxe de volta para o imaginário coletivo nacional o prazer de olhar pro Maracanã. Curou o maior dos nossos traumas.

Teríamos ganhado o tetra e o penta se várias gerações não tivessem se inspirado em você? Ronaldo que o diga... O que seria da camisa 10, no Brasil, se não surgisse alguém com tanta competência e talento pra empunhá-la e honrá-la depois de Pelé? O 10 teria sobrevivido forte e imponente como símbolo do futebol-arte no nosso país até hoje?! Não.

Mas Zico não ganhou a Copa, nem como coordenador. Pobre Copa...

É, Zico. De filho da puta, você não tem nada. Mas perdoe meu pai. Agiu por impulso e por rancor. Ele torce pro Fluminense. Sofreu muito na sua mão. Digo, nos seus pés... Desculpe também por ter ido na onda da injustiça. Como amante do futebol, agora, eu só tenho mais uma coisa com duas palavras pra te dizer: muito obrigado.

Canção da América

Dario Leite – chefe de redação da TV Record

Era uma noite de quarta-feira. O fim da agonia alvinegra. Ao vencer o Flamengo por 1 x 0 no dia 21 de junho de 1989, o Botafogo se tornava campeão carioca e encerrava o jejum de 21 anos sem título. O foi exatamente depois dessa partida que, pela primeira vez, ouvi Zico dizer que pretendia encerrar a carreira. O joelho e as lesões musculares tinham se tornado adversários muito difíceis de driblar.

Na hora em que ouvi o Galo falar sobre o desejo de parar, a primeira coisa que veio à minha cabeça foi a música "Canção da América", de Milton Nascimento:

Amigo é coisa pra se guardar
Debaixo de sete chaves,
Dentro do coração,
assim falava a canção que na América ouvi,
mas quem cantava chorou ao ver o seu amigo partir,
mas quem ficou, no pensamento voou,
com seu canto que o outro lembrou
E quem voou no pensamento ficou,
com a lembrança que o outro cantou.

O talento de Zico é inegável. Foi um dos maiores jogadores da história do Brasil. Foram centenas de gols, dezenas de títulos.

Mas, para os rubro-negros, Zico não é ídolo apenas por uma questão qualitativa e matemática de número de vitórias e conquistas. Zico será sempre adorado porque, antes de tudo, é Flamengo de coração. Como os arquibaldos, os geraldinos.

Demonstrava com a bola nos pés a mesma vontade que alimentava a empolgação dos torcedores na arquibancada. Parecia pisar no gramado munido de uma procuração lavrada na paixão de todos os rubro-negros. Mas exercitava o seu lado torcedor sem bravatas ou provocações. Não me lembro do dia em que vi Zico fazer algum lance de efeito que não tivesse o único propósito de partir em direção ao gol adversário. Não inventou dribles. Foi artilheiro e garçom. Enfim, Zico será sempre o maior craque e o torcedor símbolo do Flamengo.

Você só tem um defeito: não ser eterno. Exceto na lembrança da maior de todas as torcidas, fiel ao amigo que sempre vai morar em nossos corações.

O foca e o Galo

Décio Lopes – apresentador e produtor do Expresso da Bola, SporTV

Maio de 1990, Rio de Janeiro

Recém-saído do estágio, cem por cento "foca" na redação da TV Globo, desde criança, apaixonado por futebol; eis que recebo a pauta do chefe de reportagem e, ato contínuo, sinto os joelhos tremerem. Estava escrito na folha de papel (sim, jovens, antes dos computadores, as pautas eram datilografas ou rabiscadas em garranchos): "entrevista com Zico, na casa dele".

Claro que você passa a vida a preparar-se, passa muitos anos esperando por isso. Falar com um grande astro, trocar ideias com uma pessoa influente, quem sabe arrancar dela uma grande notícia, uma declaração forte... Sem falar no prazer óbvio e barato (mas não por isso menos prazer) que o jornalista tem ao desfrutar da companhia de pessoas relevantes, famosas, que despertam a curiosidade geral.

Chegou a hora. Naquele mesmo dia eu estaria frente a frente com Zico, o monstro sagrado, o maior ídolo da maior torcida do Brasil, o herói de uma equipe que maravilhou o mundo, o vilão da Copa que me fez chorar na infância, o mito, o semideus, o cara... Zico. Exclusivo. Como diria um velho repórter em Nova York: "waaaaal".

Passadas as horas de preparação e a inevitável tensão, lá estava o foca saudando, provavelmente com as mãos trêmulas e suadas, o grande craque. Em momentos assim você tenta dar uma de natural, tenta parecer relax – como se isso fosse possível. Bobagem. Mas fazer o quê? Pedir um autógrafo? Também não dá, né...

Passaram-se uns 25 minutos de entrevista e tudo fluiu da melhor maneira possível. Zico, experimentadíssimo com a imprensa, deve ter percebido o meu nervosismo e o meu desejo boboca de esconder isso. Mas comportou-se como se estivesse diante de um grande jornalista. Foi simpático, simples, direto, bem-humorado, tratou-me com muitíssimo respeito e consideração. Foi sensacional, enfim. E não apenas com a câmera ligada, o que é sempre importante destacar, afinal de contas, já conheci cada "gente boa" que bastou ouvir o "corta" para virar monstro... Bem, mas isso é outra história. Zico, definitivamente, não está entre estes. Eu sempre desconfiei disso como espectador. Agora tinha certeza como jovem repórter.

A entrevista não foi bombástica, não derrubou o dólar, não mexeu na Bovespa. Aquele pode ter sido um momento trivial para ele, mas, para mim, foi marcante. Foi um dia de notável afirmação. Uma alegria. Uma realização. Uma tarde que, por muitíssimos motivos, nunca saiu da minha memória.

Maio de 2009, Moscou

Tarde fria, vento cortante, e lá estou eu, à beira do gramado do centro de treinamento do CSKA, um dos grandes times russos e, na ocasião, comandado por um certo Sr. Arthur Antunes Coimbra.

Passados 19 anos de vida, de profissão, de muitas lições, pancadas e gargalhadas, espero mais uma vez por uma entrevista com Zico. Recriado como treinador, ele segue relevante.

O treino termina e, enquanto o preparador físico Paulo Paixão organiza uma sessão de alongamento com os jogadores, o técnico caminha em minha direção. Vinte passos e Zico está me abraçando, perguntando se fui bem de viagem, se a assessoria do clube me tratou bem... Zico está, como sempre, sorrindo.

Partimos no carro dele para a bela casa, em um condomínio entre os bosques que cercam a capital russa, a uns 15 minutos do Centro de Treinamento. Lá, encontro a esposa Sandra, velha companheira do craque, tomamos um cafezinho recheado de boas histórias, como se estivéssemos em uma esquina de Quintino, e partimos para as gravações.

Ele vai falando diante da câmera e começo a viajar, de olho no monitor.

O rosto agora já mostra as marcas do tempo, os cabelos são grisalhos e menos fartos, as palavras parecem sair mais tranquilas, mais seguras. A cada frase, preciso renovar a concentração para manter um diálogo e fazer as perguntas que havia listado. Tento manter o foco, mas é inevitável flutuar no tempo e me pegar longe, muito longe mesmo... Vejo, de repente, o mesmíssimo cara que encontrei em 1990.

A imagem, a figura, pouco importa.

Mas é ele, sim. É o Zico! É o Zico...

A simplicidade, o bom humor, o respeito, a atenção... O que realmente importa, enfim, segue forte e como a grande marca, como a assinatura da alma desse sujeito.

Enfim, em dois encontros tão distintos, com tanto tempo, tanto vento entre eles, saio com as mesmíssimas impressões. A emoção de estar diante de um verdadeiro ídolo.

O homem que sabe que é fora de série, sabe que faz o que tantos milhões gostariam, mas simplesmente não conseguem, o cara que sabe que é um vencedor e que já entrou para a história. Sabe que é adorado de modo quase religioso. Sabe que está acima do bem e do mal e que deixou a sua marca no seu tempo e em nossa sociedade. Um iluminado. Um escolhido. Tocado por Deus.

Mas um sujeito que sabe, acima de tudo, que todas essas circunstâncias não podem apagar um centímetro, não podem encobrir um milímetro que seja, daquele que foi um garoto sonhador em um ônibus qualquer dos subúrbios cariocas.

Fiz um gol de Zico!

Delen Bueno – executivo de contas do Sistema Globo de Rádio

Sou corintiano e amante do futebol. Cresci vendo o Zico jogar.

Quando o vi fazer uma jogada pela Seleção Brasileira em que limpou quatro adversários mais o goleiro, comecei a admirá-lo. E quando eu fazia um gol nas peladas de rua, falava: "Fiz um gol de Zico!".

Uma tarde no Pacaembu vi o Zico acabar com o meu time. O Corinthians ganhou o jogo por 4 x 2, mas acabou eliminado pelo Flamengo por saldo de gols na Copa do Brasil. Naquele dia, vi o Galinho jogando de perto.

No final de 2011, tive a oportunidade de conhecê-lo pessoalmente através do amigo Osmar Santos no jogo que o Zico fez no Morumbi. Pude comprovar como ele é um cara fantástico, humilde, inteligente e de bem com a vida.

Parabéns, Zico! Você merece todas as homenagens dos amantes do futebol. Que você continue sendo esse cara sensacional e que continue trazendo para nós o orgulho em ser brasileiro.

Galinho do bem

Djalminha – ex-jogador de futebol

Cheguei ao Flamengo no fim de 1984, e já tinha o Zico como referência na minha vida. Ele era um modelo, e eu queria jogar como ele. Quando criança, ia pro Maraca ver o Galinho jogar e tentar aprender alguma coisa. Via e revia seus lances geniais, imaginando que um dia poderia fazer algo parecido, e dar alegria à torcida flamenguista.

Em 1989, num jogo entre Flamengo x Palmeiras, fiquei no banco e ele jogou. Foi tão emocionante aquele momento. Eu ali, com a camisa do Flamengo, fazendo parte de um time que tinha o grande Zico, meu herói da infância e ainda ídolo. Eu me lembrava dos toques que ele me dava quando ainda era juvenil, da enorme admiração que sentia vendo-o ensinar aos mais jovens muito do que sabia. O Galo estava sempre disposto a dar umas aulinhas pra mim, para o Marcelinho Carioca e o Marquinhos. E a gente ficava de boca aberta, tentando absorver tudo o que o gênio falava.

Ter treinado ao seu lado, jogado com ele, foi mais do que sonhei na carreira, porque Zico sempre foi meu grande ídolo. Até hoje, aos 42 anos, sendo amigo da família toda, de seus três filhos e dele também, ainda não fico totalmente à vontade ao lado do Galo. Existe certa reverência de minha parte. Porque sempre olho pra ele como um espelho que reflete um exemplo a ser seguido.

Sempre vai rolar uma idolatria, pois Zico foi o maior craque que o Flamengo já teve e acho que nunca haverá outro que possa substituir essa marca, porque o Galinho de Quintino é uma entidade. Ele marcou a minha vida, a minha história no Flamengo e ainda transforma a vida de tantas pessoas pelo exemplo de atleta e ser humano que é. Que ele tenha saúde e força para viver muito e espalhar essa corrente do bem.

Um livro, uma lembrança

Dorival Jr. – treinador de futebol

Em novembro de 1986, o Edu Coimbra era meu treinador no Joinville Esporte Clube. Saímos de férias e eu fiz um pedido para que ele me trouxesse um livro que tinha sido lançado, chamado *Zico, uma lição de vida*, autografado por ele.

Quando o Edu voltou, em janeiro de 1987, disse que a edição havia se esgotado e que o Zico pediu para me dizer que quando conseguisse um exemplar me mandaria.

Em março de 1987, Zico esteve em Joinville, participando da solenidade de entrega do troféu "O jornaleiro", premiação tradicional no estado de Santa Catarina, comandada pelo jornalista Maceió. Quando Zico entrou no salão, veio na minha direção, onde eu estava com minha esposa e alguns jogadores, cumprimentou um a um, dizendo o nome de cada jogador. Na minha vez, também me cumprimentou pelo nome, sem que me conhecesse, e complementou dizendo que não havia se esquecido do meu livro, e que assim que o tivesse em mãos me mandaria.

Foi uma satisfação que veio a fortalecer ainda mais a admiração que eu tinha por ele, já que sempre foi, juntamente com meu tio Dudu (que jogou por muitos anos no Palmeiras), meu grande ídolo no futebol.

Tenho até hoje o livro, guardado com muito carinho, que li e reli por algumas vezes. Zico é único!

Zico marcou nossas vidas

Doğan Uluocak – torcedor do Fenerbahçe

Ganhamos o campeonato com o Fenerbahçe no nosso centésimo aniversário com você e, um ano depois, tivemos nossa maior vitória na Europa com você novamente. Você ficou marcado para sempre nos nossos corações com sua qualidade como homem, como grande esportista, com uma personalidade premiada, com seu caráter raro.

Depois de cinco anos, a vida nos separou, mas nós nunca nos esquecemos e nunca nos esqueceremos de você. Nós o amamos e sempre estará em nossos corações.

Azar da Copa

Edu Cesar – editor do site Papo de Bola

Maior símbolo do Flamengo em todos os tempos. Homem que liderou o crescimento do futebol no Japão nos últimos 20 anos. Autor da pintura que originou uma das maiores narrações de gol da história da televisão, o famoso "não há palavras!", de Luciano do Valle, naquele Brasil x Iugoslávia do Mundão do Arruda. Não ganhou a Copa do Mundo? Azar da Copa. Zico está na história. E essa história ninguém apaga, só se aplaude.

Três vezes amizade

Emerson Leão – treinador de futebol e ex-jogador de futebol, campeão da Copa do Mundo de 1970

Eu divido a minha história com o Zico em três fases.

A primeira foi quando, como goleiro do Palmeiras, vi surgir no Flamengo um menino franzino, que jogava apenas alguns minutos, mas que já mostrava a que vinha. Ali eu já percebi que o Brasil estaria bem servido futuramente.

A segunda fase foi quando nos encontramos dentro de campo. Ora como adversários, quando eu atuava pelo Vasco, ora como companheiros, nos jogos da Seleção Brasileira. Por falar nisso, que azar do Brasil não poder contar muito com o Zico na Copa de 1986. Nessa época, dividimos o quarto várias vezes e nos tornamos amigos.

A terceira fase, em que tivemos uma ligação bacana, foi quando, já mais velhos e como treinadores, levamos um pouco do futebol brasileiro ao Japão, onde ele virou ídolo. Zico é um orgulho para o Brasil, uma pessoa do bem e meu amigo.

De novo, Eraldo?

Eraldo Leite – jornalista

Eu cobria o Flamengo no auge da era Zico, quando o time era campeão toda hora. Como maior referência do time, Zico era muito solicitado para entrevistas (que não eram coletivas, mas individuais). Numa semana de Fla x Flu, entrevistei Zico segunda, terça, quarta e quinta-feira.

No chamado "coletivo apronto" de sexta-feira, Zico ia saindo de campo para o vestiário, eu me posicionei para entrevistá-lo e ele tentou "disfarçar", dizendo: "De novo, Eraldo, já falei a semana toda, não tenho mais nada pra falar". Ao que eu retruquei: "Mas eu tenho pra perguntar". Zico disse, então: "Vai, liga aí, vamos conversar".

E fiz uma das melhores entrevistas com o Galinho, abordando histórias de Fla x Flu, de quanto ele gostava de jogar aquele clássico, de personagens antigos como Silva "Batuta" etc.

Graaande Zico, saudade dos tempos em que os craques eram os que mais entendiam o trabalho da imprensa.

Coitado do novo Maracanã...

Eri Johnson – ator

Pra falar do Zico é preciso ter bastante tempo. Ele é uma das pessoas mais simples que eu tenho no meu círculo de amizades. Generoso, carinhoso. Como jogador de futebol, infelizmente não jogou no Vasco; mas, mesmo assim, ele está acima de clubismos, foi um jogador fantástico. Eu, vascaíno, o aplaudi várias vezes, grande atleta. Sinto saudades do antigo Maracanã e sei que o novo, infelizmente, não vai ter o prazer de receber o grande ZICO.

Muito obrigado por tudo o que você fez pelo futebol mundial.

São Pedro

Evair – ex-jogador do Palmeiras

Falar de Zico é voltar ao início da minha carreira, vê-lo bater faltas, correr para cima dos adversários com habilidade e visão de jogo... Zico é craque!

Por duas vezes tive a honra de jogar com Zico: na despedida do Altobelli, quando ele "fez chover", e na sua despedida na Itália.

Que honra!

Minutos que valem uma vida

Fabiano Tatu – apresentador, ator, publicitário e cronista de futebol

Quando recebi o convite do Donas da Bola para participar dessa homenagem ao meu grande ídolo e maior jogador que vi atuar, levou algum tempo para que entendesse o que de fato estava acontecendo. Afinal de contas, não é todo dia que alguém faz a você uma proposta dessas. A emoção e a honra de fazer parte de algo assim são grandes, mas a responsabilidade que isso traz também.

Entre tantos momentos que ele me proporcionou ao longo de quase uma década de convivência quase íntima, uma vez que nos encontrávamos praticamente todos os domingos, fosse no Maracanã, na Gávea, em Moça Bonita, no Ítalo Del Cima ou, simplesmente, acompanhando pela TV suas jogadas e seus gols geniais, não é tarefa simples selecionar apenas um sobre o qual escrever. Falar de Zico é mole. Escolher sobre o que falar é que é complicado.

Virei militante da causa Rubro-Negra ainda muito garoto. Era preciso, pois sou filho, sobrinho e neto de portugueses; todos vascaínos, como é de se supor. Apesar disso, ninguém jamais teve espaço para tentar me influenciar. Minha falecida mãe também torcia pelo time da colônia, porém era aquela coisa *light*. Mas, graças à sua eterna preocupação com meu bem-estar, principalmente nos dias de Mengão, foi inúmeras vezes comigo ao estádio. Bem mais do que com todos os seus quatro irmãos. Virou rotina, um programa obrigatório de mãe e filho nos fins de semana. E não hesitava nem por um minuto em colocar o manto no corpo antes de pegarmos a estrada. Já tinha até o seu próprio. Escolheu um no meu armário e ficou de vez com ele. Também era dela a responsabilidade de segurar a bandeira do lado de fora do carro durante o trajeto entre a nossa Paracambi, na Baixada Fluminense, e o Maior Do Mundo. Com a partida rolando, xingava sem cessar todo e qualquer adversário, inclusive os do time pelo qual dizia torcer. Não podia ver o filho triste. Sendo assim, sempre que era preciso, virava tão Flamengo quanto eu. Não foram poucas as vezes em que choramos ajoelhados e abraçados, comemorando um gol, um título ou uma vitória épica do "nosso" Flamengo. Que saudade!

Mas foi com meu pai, uma espécie de fanático enrustido, do tipo que sofre tanto que prefere nem ver os jogos, que essa relação com o clube e o Galinho começou. Se dependesse dele, a gente nunca sairia de casa para ir ver as partidas. Só que ele é pai e jamais me negaria isso. Até eu completar 18 anos e ter carteira de motorista, sobrava para o seu Rubens a tarefa de me acompanhar na sagrada arte de seguir o Flamengo.

Zico se despediu do Fla e do futebol – voltaria a jogar pouco tempo depois no Japão – numa partida amistosa em 6 de fevereiro de 1990, no Maracanã. Estava lá, com meu pai e alguns amigos. Um deles, o Evandro, fez o favor de guardar o ingresso.

Foi emocionante! Torcedores de vários outros times marcaram presença para aplaudir a carreira e a história de um rival. Não deve haver admiração mais sincera do que essa. Até ali, junto com a campanha que terminou com o título da Copa União de 1987, o do asterisco, do qual nenhum rubro-negro pode abrir mão toda vez em que mencionar o Hexa, aquele tinha sido o momento mais marcante da minha vida de torcedor, já que era muito novo em 1980 e 1981. Da Libertadores, não me lembro de quase nada. Do Mundial, vencido dois dias após meu aniversário de 7 anos, lembro-me de ter visto o primeiro tempo, dormir no segundo e ser acordado com uma puta festa no apartamento do saudoso tio Gino, um grande amigo da família, no Méier. Descemos para ver o fuzuê na rua. Estava todo caracterizado, como pedia a ocasião. Vestia o manto, calção, meiões e Kichute.

Foi legal pra caramba, mas, convenhamos, para saber exatamente qual é a sensação de vencer um campeonato, tem que acompanhar o time de perto, ir aos jogos, discutir no botequim ou na escola e sofrer. Sofrer muito! É o sofrimento que faz ser gostoso. No fundo, torcer por um time de futebol é exercer o masoquismo.

Em 1991, pouco mais de um ano após se aposentar, Zico assumiu a Secretaria de Esportes do governo Collor. Eu tinha 16 anos. Naquela altura, meu pai trabalhava como secretário de administração da prefeitura de Paracambi, com a qual o governo federal mantinha um convênio qualquer. Por conta disso, foi agendada uma visita do Galo à cidade. Melhor ainda: caberia a ele cuidar de todos os detalhes da visita. Quando chegou em nossa casa com a novidade, saí correndo e gritando pelo corredor do prédio como se tivesse acabado de marcar um gol de placa numa final de campeonato.

Era bom demais para ser verdade! Ia ficar ao lado do maior ídolo da história do meu clube, o homem responsável por formar minha identidade de flamenguista, e nem seria preciso ir longe para vê-lo, para dizer o quanto lhe era agradecido por tudo que fez. Deus do céu! Quando é que iria imaginar que algo assim era possível? Mas era. E estava prestes a acontecer.

Só não seria tão fácil quanto pensava. Já tinha perdido muitas aulas naquele ano por conta de um grave problema nos rins, e o velhote me obrigou a assistir pelo menos às anteriores ao intervalo. Para não haver risco de me atrasar, prometeu que minha mãe me buscaria a tempo de pegar o Zico chegando, quando seria mais tranquilo tietá-lo. Concordei sem pestanejar.

Na hora marcada, dona Conceição estava lá. Emburrada, porque odiava dirigir na estrada – eu estudava em Vassouras, a uns 40 km de Paracambi. Reclamou no meu ouvido a viagem toda. Não passou dos 60 km/h e nem a quarta marcha engatou. Fizemos um trajeto, o qual, na descida, leva em torno de 40 minutos, em uma 1h20. Ah, e também se recusou a ligar o ar-condicionado, embora o calor estivesse castigando. Ela sabia ser bem sacana sempre que queria.

Quando chegamos, Zico já tinha ido para o primeiro compromisso oficial. Meu pai estava irado com o nosso atraso. E eu, mais ainda. Minha mãe berrou que não pediu para se meter naquilo, então que ele parasse de encher a p... do saco. Ele obedeceu e me levou embora dali.

Somente na hora do almoço foi que consegui chegar perto. Mesmo assim, só deu para pegar o autógrafo. Nem foto rolou. Decepção total. Ficava cada vez mais puto da vida com minha mãe. Tinha um bando de gente rodeando o cara, umas autoridades engravatadas, que não davam um mísero espaço para que me aproximasse. Não tinha como fazer nada. Restava apenas a resignação. De novo, era bom demais pra ser verdade.

Já eram quase 17h, quando a caravana partiu para o último compromisso do dia. Pensei: "Pô, tenho que descolar pelo menos uma foto. Não posso sair daqui sem isso".

Estava muito cansado. Ainda não tinha me recuperado totalmente dos tais problemas renais e a fraqueza começou a bater. Fui para lá assim mesmo. Valeu, porque nem foi tão difícil assim conseguir registrar o momento. Olha aí:

Já tinha foto e autógrafo. Para um fã, até que não estava mal. Para mim, entretanto, não era muito. Tinha um monte de coisas que queria ouvir e perguntar. Queria conversar; ver que é humano, apesar de herói. Mas o tempo estava acabando. "Já era!", pensei.

Arquivo pessoal

Justo nessa hora, o próprio Zico bateu no meu ombro e perguntou: "É Fabiano, né?"; e eu, sem acreditar: "Sou sim.". Ele, rindo: "Teu pai me disse que você é 'flamengudo'. É verdade?". Acenei positivamente com a cabeça; ele continuou: "Então faz o seguinte, Mengão, me espera lá embaixo, que ainda vou dar um tempinho aqui antes de ir. Aí a gente bate um papo. Vou te contar umas histórias".

O "lá embaixo" ao qual se referia era a sala da diretora da escola que estava sendo inaugurada, onde esperaria o carro que o levaria de volta para o Rio.

Corri tão rápido quanto pude. Estava ansioso à beça, mas tentava não me deixar levar pelo entusiasmo, receoso de que pudesse me desapontar novamente. Só que deu tudo certo dessa vez. Poucos minutos depois de a gente trocar aquela meia dúzia de palavras, ali estava ele, bem na minha frente. Era simpático e atencioso com todos os que ainda o cercavam e tirou algumas fotos com as "tias" do refeitório da escola. Levou mais uns cinco minutos até que entrasse na sala da diretora e tivéssemos um pouco mais de privacidade. Foi ele mesmo quem puxou a cadeira ao seu lado para que me sentasse. Sabia dos problemas de saúde que vinha tendo e perguntou como eu estava, se me sentia melhor e se estava fazendo o tratamento direitinho. Depois me perguntou da escola, se tinha boas notas e se jogava bola. Falei que não era grande coisa, mas que faria mais gols que o Nunes se jogasse do lado dele. Ele soltou uma gargalhada e disse que não duvidava. Logo depois, começou a falar do João Danado, de como era esforçado e se empenhava em fazer jus ao fato de jogar no meio daquele montão de craques. E emendou com a história da intuição que teve antes do jogo com o Grêmio na final do Brasileirão de 1982, no Olímpico, quando previu que o Artilheiro das Decisões faria o gol do título após mais um passe seu. Depois, contou com detalhes como foram as batalhas contra os chilenos do Cobreloa na Libertadores e confirmou a história da discussão e do empurra-empurra do Júnior com o cara do Liverpool, que riu da corrente que o time fez no túnel de acesso ao campo antes da final do Mundial. Também disse que era difícil se acostumar à vida de ex-jogador e que sonhava que ainda jogava, fazia seus gols e corria para comemorar junto à galera da geral do Maracanã, sua marca.

Tudo isso aconteceu em poucos minutos, porém foi perfeito e inesquecível. Ouvir aquelas histórias diretamente da boca de quem ajudou a escrevê-las era algo muito melhor do que eu mesmo podia querer. Me provou que cada minuto o admirando valeu a pena. Uma certeza reforçada pelos gestos e atitudes que teve em diversas outras ocasiões nos anos que se seguiram àquele nosso encontro. E mostrou que tão grande quanto o Zico é o Arthur; e que tão grande quanto o ídolo é o homem.

Parabéns, Galinho! E que você nos presenteie com muitos mais anos de vida.

COCACOLA

Inesquecível

Fábio Justino – torcedor do Flamengo e fundador do Magia Rubro-Negra

Eu sempre fui um torcedor apaixonado, daqueles que compram e colecionam tudo que é relacionado ao Mengo. Porém, em meio à minha doideira e à minha maneira de torcer, não bastava acompanhar o Flamengo, frequentar arquibancadas Brasil afora e manter a nossa rotina devocional de conquistas. Eu sonhava com um algo a mais, queria ter a honra de apertar a mão dele, conhecer pessoalmente o homem que revolucionou a história da nossa camisa 10.

Todos os caminhos até então indicados eram furados: em alguns momentos, telefones; em outros e-mail. Até que um dia o grande Moraes (espero que ele não fique bravo comigo) disse que me ajudaria. Algumas semanas depois, ele me enviou uma mensagem contendo o e-mail do Zico. Como qualquer mortal, claro... achei que era uma pegadinha. Apesar de não acreditar, guardei como se fosse uma joia preciosa; todos os dias eu sentia vontade de escrever, mas lembrava sempre das tentativas anteriores.

Uma bela sexta-feira, eu escrevi, não lembro bem as palavras, mas escrevi. Sei lá, mais ou menos uns 20 minutos depois chegou a resposta. Reafirmei minha ideia de que era um trote. Onde já se viu o Zico responder a um e-mail mais rápido que o Moraes (risos)? Ainda mais naquela época, o cara era treinador do Japão. Impossível acreditar. Enfim, permanecemos trocando e-mails por mais alguns meses. Em uma das mensagens ele informou suas férias no Brasil, e algumas horas depois a mídia confirmava a notícia. Caramba! Era o cara mesmo.

Fiquei muito emocionado em saber que o maior ídolo da história Rubro-Negra respondia a todos os meus e-mails, mas o problema era não poder contar para ninguém. Fala a verdade, quem ia acreditar em uma história dessas? Ninguém. Eu mesmo tinha dificuldade de acreditar. Em uma tentativa óbvia de provocar na minha pessoa um infarto do miocárdio, o Moraes marcou um encontro no Centro de Futebol Zico (CFZ) com alguns fanáticos que nutriam como 2ª devoção conhecer o Zico pessoalmente. Como não sou bobo nem nada, marquei com o velho careca, alinhei com meu chefe botafoguense na época e fiquei contando os dias. (Caramba! Minha chefe atual também é botafoguense.) Apesar de parecer não chegar nunca, o calendário acertou as contas comigo e trouxe o tão esperado dia; enfim, mochila nas costas, camisa do Mengo por cima do uniforme de trabalho e pronto, cumprir o acordado na CLT, esperar a hora de ir embora e partir para o CFZ ao encontro do Galo mestre, aquele que tantos e tantos anos alegrou nossas tardes de domingo.

Uma tarde tipicamente carioca, trânsito completamente enlouquecedor e o coração ultrapassando todos os congestionamentos possíveis. Lá estávamos todos, entrando pelo portão principal do CFZ. Ficamos por ali observando os mínimos detalhes, fingindo achar tudo interessante, quando, na verdade, o motivo da nossa presença ali era ele, o Galo, o Arthur, nosso Zico. Estava distraído – como sempre –, imaginando como seria quando ele surgisse "sei lá por onde" e viesse "sei lá como" andando em nossa direção. Gente, quando "acordei" dos meus devaneios, quem estava sorridente, de chinelo, bermuda e camisa branca distribuindo a torto e a direto vários sorrisos pra galera? Ele mesmo, O CARA.

Fiquei estático, olhando pra ele e revivendo um filme na minha pobre e viajante mente. Naquele instante, eu já havia regredido uns poucos e alegres 20 anos. Imaginando aqueles pés entortando zagueiros, elevando braços coreografados e arrancando gritos ensaiados naquele extinto cimento do sagrado Maracanã. Bastava estar ali, não lembrava mais o lado difícil da vida, suas tribulações e os dribles que ela nos dá. Imóvel, eu permanecia aguardando apenas que seu rosto cansado avistasse o emocionado Fábio Justino aqui. Como se fosse um lançamento dele para ele mesmo, Zico sorriu e perguntou: "E aí, Fábio Justino, como você está?" Gente, não seria possível, o maior artilheiro da história do Flamengo, o cara que fazia chover quando estava sol, que colocava na cara do gol Júnior, Adílio, Andrade e Nunes, sim, esse cara acabara de me chamar pelo nome (e sobrenome).

Infelizmente, eu não tinha idade (consciência e dinheiro) para ir ao Japão contra o Liverpool, porém, em minha sã inocência (acredito eu), senti naquele momento a mesma alegria que Moraes e os outros privilegiados torcedores daquela santa madrugada sentiram. Os pés que amedrontavam adversários caminhavam em minha direção. As mãos que regiam a orquestra RUBRO-NEGRA apertaram minhas humildes e trêmulas mãos. Enfim, naquele momento nada mais importava, eu estava diante daquele que sempre quis conhecer: o homem das nostálgicas tardes de domingo no Maracanã acabava de me chamar pelo nome, e isso eu nunca mais vou esquecer.

Obrigado, Zico!

Queríamos mais Zicos...

Felipe Melo – jogador de futebol do Galatasaray

O Zico é um ídolo de infância e até hoje, quando me encontro com ele, não o vejo de maneira diferente.

Lembro-me, perfeitamente, de quando meu pai me levou ao Maracanã no jogo de despedida do Zico. Eu tinha 7 anos. Tenho na memória a imagem do Galo correndo perto da geral do Maracanã e a torcida toda de pé, com o estádio lotado, gritando o nome dele. Nada disso sai da minha mente.

E como esquecer meu primeiro contato com ele? Fui artilheiro da Copa Zico, jogando na base do Flamengo, e tive a honra de receber o troféu das mãos do Galinho.

Depois, fui jogar com o Thiago, filho dele. Ficamos amigos quando jogávamos no juvenil do Flamengo e passei a frequentar a casa do Zico. Vi que ele era um pai maravilhoso também, além de um grande ídolo.

Como sou flamenguista e nunca fiz nenhuma questão de esconder isso, fiz minha obrigação de rubro-negro e assisti a vários jogos e lances geniais do Zico. E, mesmo que de forma indireta, é uma honra muito grande ter feito parte da história dele, marcando o gol que não permitiu que o time em que ele fez história caísse para a segunda divisão do Campeonato Brasileiro.

O futebol brasileiro está carente de grandes ídolos como ele.

Pai, vou ver o Zico!

Fernando Vanucci – jornalista

Arthur Antunes Coimbra, o Zico, veio de uma família de craques. Seus irmãos Eduzinho e Antunes já faziam sucesso no futebol carioca, quando o radialista Celso Garcia, flamenguista roxo, viu Zico jogar pela primeira vez. Era num time da várzea, o River, no bairro de Quintino, onde morava a família do menino Arthur. Naquele jogo, o futuro Galinho fez 12 gols. Daí para a Gávea, foi um pulo.

Mas o que mais me marcou em relação ao grande ser humano e jogador foi o seguinte: eu sempre fui Botafogo desde criança, por causa de meu velho pai Sherlock Holmes lá na terrinha, Uberaba (Minas Gerais). Quando cheguei ao Rio, em 1977, para trabalhar na Rede Globo, Zico já despontava como um dos maiores de todos os tempos. Eu já estava casado e com um filho de 2 anos, meu querido Fernandinho, que hoje é cirurgião torácico. Naquela época, estava difícil levar o garoto a ser torcedor do Botafogo. Mas eu insistia! O time alvinegro atravessava uma má fase, com poucos (ou quase nenhum) ídolo. Isso faz diferença para um menino que começava a gostar de futebol. Comprei uniforme do Botafogo para ele, levando-o sempre ao Maracanã. Mas título que é bom, o Botafogo não conseguia. Mesmo assim, atingi meu objetivo: meu filho se tornou botafoguense. Não perdia nenhum jogo todos os fins de semana, sempre levado pelo meu amigo e ex-cunhado Roberto Soares, outro botafoguense.

Um belo domingo, Fernandinho acordou e me disse que iria ao Maracanã assistir a Flamengo e Fluminense. Não entendi direito... Afinal, não era o Botafogo que estaria em campo. Então, perguntei: "Mas, Fla x Flu? Não estou entendendo...".

Meu filho, sempre muito perspicaz, me respondeu na lata: "Pai, vou ver o Zico!".

E isso se repetiu inúmeras vezes, até o futuro médico entrar na faculdade e passar a ter outros interesses.

Mas isso me marcou muito: mesmo tendo conseguido tornar meu filho torcedor do Botafogo, ele não era bobo. Sempre queria ver Zico em ação. Sempre foi um dos seus ídolos, como foi para todos nós. Claro que o título de campeão carioca em 1989 pelo Botafogo reforçou ainda mais a paixão pelo Glorioso, mas a admiração e o respeito pelo futebol de nosso Galinho de Quintino nunca deixaram de existir. Quando podia, lá estava o filhote no Maraca para aprender um pouco mais de futebol com o Rei Arthur.

Pena que um dos maiores jogadores que o Brasil já teve nunca foi campeão mundial pela Seleção Brasileira, coisa que vários "cabeças de bagre" por aí conseguiram, e eu não preciso citar nomes.

Mas a história é essa e me honra muito: saber que meu filho, ainda com pouca idade, entendeu que ali, com a camisa 10 do rival Flamengo, estava um craque fora de série, com um futebol para ser reverenciado por todos que tiveram a chance de assisti-lo em campo.

Melhores máquinas fotográficas do mundo!

Frederico Mendes – repórter fotográfico

Apesar de começar a torcer pelo Flamengo exatamente no primeiro ano da campanha do tricampeonato (1953/1954/1955), confesso que, nos anos seguintes, ser rubro-negro era sinônimo de freguês do Botafogo, time de Garrincha, Didi, Nilton Santos e Manga – goleiro que dizia que jogar contra o Flamengo era sinal de bicho garantido.

Depois, ganhamos uns ou outros campeonatos cariocas, mas mais por causa do nosso manto sagrado, aquele que, segundo o tricolor Nelson Rodrigues, jogava sozinho e era sempre um estandarte heroico. Além de Dida e do trio Jadir, Dequinha e Jordan, nos faltavam ídolos.

Foi então que, em plena década de 1970, surge o nosso Galinho para aliviar dores passadas e nos encher – para sempre! – de justificado orgulho. Obrigado, amigo Zico!

Obrigado por todos os seus gols, gols luminosos e iluminados, gols de placa, bonitos paca. Obrigado por gols que, de tão bonitos, pareciam e eram pura poesia. E poesia nunca é demais.

Obrigado também por ter tantas vezes me presenteado com o seu manto sagrado, camisa 10 como em uma nota máxima. Mas principalmente, amigo Zico, obrigado por nos fazer, nós, brasileiros, orgulhosos para sempre do nosso Mengão.

Saudades de você, companheiro querido, em tantas viagens mundo afora cobrindo a seleção brasileira, ou, melhor ainda, da nossa vitoriosa "seleção rubro-negra", campeã do mundo.

Lembra-se de que, antigamente, quando você queria comprar uma câmera nova sempre me ligava para ouvir a minha opinião sobre ela? Pois bem, Zico, câmeras boas são as minhas, aquelas antigas ainda de filme, que fotografaram tantos gols seus.

E só isso faz delas "as melhores do mundo"...

Lembranças vitoriosas

Gibran – remador e medalhista pan-americano em 2003 e 2007

Lembro-me do Zico desde a época em que eu tinha uns 10 anos de idade. Na ocasião, o Flamengo disputava a final do Campeonato Brasileiro contra o Atlético-MG e vencia sob a batuta do Galinho.

Em seguida, o que me vem à memória são os jogos contra o Cobreloa pela Libertadores, em que o Zico era caçado impiedosamente pelos zagueiros rivais. Porém, a maestria prevaleceria e ele marcaria um lindo gol de falta que sacramentou o título da competição.

Num fim de ano, acordado durante a madrugada (para uma criança, isso era o máximo), o Flamengo jogava contra o Liverpool a final do Mundial em Tóquio, e mais uma vez o título era assegurado com uma apresentação majestosa do Galinho de Quintino e toda a sua trupe.

Enfim, as lembranças que tenho do Zico são todas vitoriosas.

Isso é futebol!

Gilmar Rinaldi – ex-jogador de futebol

Zico foi e sempre será um divisor no Flamengo e no futebol brasileiro. Viveu grandiosos momentos e momentos de extrema dificuldade, principalmente pelas lesões que teve.

Lembro-me muito bem de uma passagem na Toca da Raposa, onde a gente se preparava para a Copa de 1986. Certo dia, Zico fez um comentário quando saía da sala de musculação, onde passava as manhãs, as tardes e algumas horas da noite tentando se recuperar e estar pronto para disputar a Copa. Ele tirou alguns minutos para assistir ao treinamento dos goleiros e falou: "Isso sim é jogar futebol, pular, chutar, cair, defender a bola, e não ficar na sala de musculação".

Aquilo me tocou muito, e senti de maneira mais real toda a angústia que ele estava sentindo naquele momento.

O Zico de uma nação

İlker Bulgurcuoğlu – torcedor turco

Pelé Branco, um esportista maravilhoso que conhece o verdadeiro valor do futebol. Sou torcedor do Beşiktaş, mas amo você como se fosse um torcedor do Fenerbahçe. Nós nunca vamos te esquecer. Obrigado.

O que dizer?

Ivo Meirelles – cantor e compositor

O que falar do Galo que ainda não fora dito? Que ele foi genial? Que tirou a desvantagem que o Flamengo tinha em relação aos seus principais rivais? Que foi (e é) o maior artilheiro do Maracanã? Que me deu as maiores alegrias, enquanto torcedor do Flamengo? Falaria o óbvio... O que gostaria de relatar é que Zico foi, também, o responsável por eu parar de beber uísque... (risos). O ano foi 1985. Todos estavam muito felizes pela volta do Galinho ao rubro-negro da Gávea. Mas o inesperado aconteceu. Aquela entrada violenta do Márcio Nunes, nas duas pernas do Galinho, doeu em todos nós, apaixonados pelo Flamengo e pela magia do genial futebol do Galo...

Passado um tempinho, após sua cirurgia, eis que numa noite me deparo com o meu ídolo em um restaurante japonês. Não lembro bem se foi em São Conrado ou na Barra da Tijuca. Eu estava saindo, e o Zico, entrando com a dona Sandra, sua esposa. Eu pedi pra tocar na sua perna e, baixinho, sussurrei: "se este cara se recuperar e voltar a jogar futebol, eu paro de tomar uísque". Graças a Deus, o Zico voltou... E eu? Parei com uísque, desde então, mas me iniciei no vinho... Dos deuses! Salve o Rei Arthur, da corte dos Coimbras!

Silêncio no Maracanã

Jair – ex-jogador de futebol

O Galinho, além de um excelente jogador, destaca-se como pessoa: bom cidadão, correto, cara família, bom técnico.

Como jogador, um cara diferenciado, de técnica, superinteligente. Antes de pegar na bola, já sabia o que fazer com ela. Articulador, goleador e excelente cobrador de faltas.

Tive o imenso prazer de vê-lo jogar e fazer do futebol uma arte. Mostrar a arte no futebol e arrancar sorrisos de uma multidão é para poucos. Ele alegrou multidões.

Em 1982, eu jogava pelo Peñarol e o time enfrentou o Flamengo, que tentava o bi da América. Sabíamos que nosso time teria muitas dificuldades. Tínhamos 1% de chance de ganhar o jogo: eu, numa cobrança de falta.

Lá fomos nós, enfrentar o Flamengo e 130 mil pessoas na arquibancada. Começou a partida e bola chutada pelo Flamengo pegou na orelha do nosso goleiro. A gente se olhou e se pegou na sorte. Tínhamos alguma chance! Passaram-se alguns minutos e Zico, ele mesmo, perdeu um gol na pequena área! Quando ele perdeu aquele gol, jogada que não costumava perder, eu pensei: podemos ter alguma chance!

E como o time do Flamengo perdeu gols!!

Falta para o Peñarol e lá fui eu cobrar. Aí, fiz o gol de falta! Naquele momento conheci o silêncio. Um estádio lotado sem um barulho sequer. Fui apresentado ao silêncio de uma maneira magnífica, espantosa.

Estávamos em vantagem, mas quem tem Zico tem tudo! O Flamengo era um timaço! Só craques que jogavam um futebol maravilhoso. E Zico era o jogador-referência do time, aquele que transmite segurança para os colegas, o treinador e a torcida. Que pode decidir a qualquer momento. Quando a coisa tava braba, todo mundo ainda acreditava em Zico... e isso, pra nós, era motivo de receio.

Juiz apitou o final do jogo! Alívio! Era pra gente ter perdido de 10 x 1, mas quis o destino que aquele timaço perdesse pro nosso! Zebra inesquecível em nossas vidas.

Zico, obrigado por me presentear com seu futebol, com sua amizade. Parabéns por tudo o que você conquistou e por ser ídolo e representante de nossa época.

Melhor padrinho

Jerusa Schmidt – Donas da Bola

Devido ao ano do meu nascimento, não pude acompanhar a carreira de Zico nos gramados, mas, apesar de disso, já na minha infância, tinha dimensão do ídolo que ele era dentro e fora de campo.

No Brasil, a maior referência viva do Flamengo, no mundo, uma lenda viva do futebol. Mas até hoje seu nome sempre é associado ao rubro-negro carioca.

Sempre fui admiradora do futebol e da pessoa Zico. Um homem de respeito, humilde e recíproco com o carinho de quem o reverencia.

O seu trabalho na evolução do futebol japonês foi algo que fez todos os olhos do planeta se voltarem para uma nova realidade no mundo esportivo. O Japão estava jogando bola, disputando campeonatos com futebol de qualidade, tudo isso graças ao compromisso que Zico firmou com os asiáticos e por ele acreditar na capacidade dos nipônicos dentro de campo.

Quando ele aceitou o convite das Donas da Bola e afirmou para todo o Brasil com orgulho de que seria nosso padrinho, foi uma alavanca para nosso trabalho. A partir daquele momento, nada mais seria considerado um grande empecilho, pois ao nosso lado está nada mais nada menos que Zico.

Fui conhecê-lo pessoalmente no Jogo contra a Pobreza na Arena do Grêmio. Ele nos surpreendeu ao descer rapidamente do ônibus que já estava de saída após a partida, quando o segurança anunciou que eram as Donas da Bola que o chamavam. O seu carinho e a sua atenção com todas as meninas demonstraram uma gentileza sem tamanho. Inesquecível. E o melhor de tudo isso é que ele lembra o nome de cada uma e sempre que pode nos agracia com uma lembrança de sua parte.

Obrigada, Zico. Muito obrigada por fazer parte de nossa vida.

A importância tática de Zico

João Elias Cruz – comentarista esportivo mais jovem do país

Que o Zico é um grande mito do futebol brasileiro e mundial, todos sabem. Porém, ele também foi um jogador de grande importância tática e que brilhou bastante nos anos 1980, tanto pelo Flamengo quanto pela seleção brasileira, sendo o grande comandante de grandes campanhas. Em 1983, Zico saiu do Brasil e foi jogar na Itália pela Udinese.

No lendário Flamengo da década de 1980, Zico era o homem do meio-campo flamenguista. O time, na época, foi pioneiro e inovador, ao utilizar o 4-5-1 (4-2-3-1), com muitos de seus jogadores chegando no ataque.

Zico tinha intensa movimentação pelas regiões centrais do gramado, explorando a sua exuberante e admirável habilidade técnica, deslocando-se para as extremidades do gramado em alguns momentos, para municiar as ações ofensivas pelos flancos ou realizar algumas investidas em velocidade.

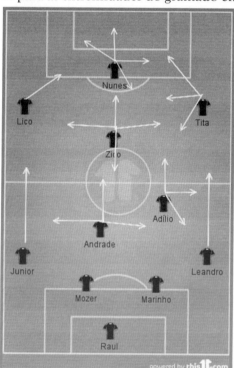

O craque também se apresentava muito bem coletivamente, realizando ótimas tramas com seus companheiros, fazia a aproximação com Tita, que atuava aberto pela direita, mas também variava sua movimentação para a intermediária.

Zico tinha alta versatilidade dentro das quatro linhas, era um jogador extremamente agudo, letal e difícil de ser marcado. Ele também funcionava algumas vezes como um "carregador de piano", utilizando-se de toda a sua visão de jogo e sua precisão nos passes nos longos lançamentos, além de buscar sempre a profundidade em suas jogadas pelo grande círculo. Foi o comandante de um Flamengo, considerado por muitos o melhor de todos os tempos, e a teoria demonstra isso. Era uma equipe de excelência e que também era muito moderna e aplicada taticamente!

Na Seleção Brasileira de 1982, Zico brilhou muito naquele futebol-arte, que acabou sofrendo a "Tragédia do Sarriá" diante da Itália de Paolo Rossi na Copa do Mundo, ao ser eliminada, após uma derrota por 3 x 2.

Aquele time estava comportado num 4-3-3, variando para um 4-1-4-1 com a posse de bola e para o 4-2-3-1 na transição defensiva. Zico atuava centralizado, trabalhando na articulação das jogadas na maior parte do tempo, com excelente projeção nas suas chegadas em regiões próximas à grande área.

Zico também invertia o seu posicionamento com Sócrates e Éder, com o objetivo de surpreender a defesa adversária e aumentar a dinâmica do time dentro das quatro linhas. Algumas vezes, ele fazia tabelinhas com os laterais Leandro e Junior, que subiam para o campo de ataque com muita frequência e intensidade, principalmente o segundo, que se aproximava mais do meio-campo, posição na qual Zico se localizava.

Outra característica muito interessante de Zico era a sua classe no domínio e na condução da pelota, com excelente qualidade, além de sua inteligência em campo, algo que impressionava os olhares dos torcedores dos mais diversos lugares do mundo.

Sem dúvida, um cara que também merece o seu espaço entre as lendas do futebol global, pelo que fez, pela arte de sua beleza, o "futebol"! Também por sua belíssima história de vida, pelo seu amor ao Flamengo, pelo grande profissional que ele foi e pela grande pessoa que ele é! No mundo das táticas futebolísticas, Zico estará guardado eternamente!

Mitos e ídolos

*João Henrique Areias – consultor, professor
de Gestão e Marketing Esportivo e conselheiro do Flamengo*

Alguns atletas alcançam o *status* de *ídolos*. Outros vão mais longe e se tornam *mitos*.

Para 40 milhões de cidadãos de uma nação chamada Flamengo, Zico é um mito. Outros milhões de brasileiros, italianos, japoneses e de todos os rincões do mundo, que o viram jogar pelas suas equipes ou mesmo por equipes adversárias, não deixaram de admirar a arte de um gênio. Ele é um Da Vinci da bola.

Rubro-negro convicto, vi meu destino se cruzar com o de Zico em algumas oportunidades. Joguei contra ele uma vez. Era um jogo de futsal no Piedade Tênis Clube do Piedade contra o time, se não me engano, de Rocha Miranda, composto pelos irmãos dele. Devíamos ter uns 15, 16 anos. Ele e eu atuamos como goleiros. Acontece que terminamos o primeiro tempo ganhando do timaço deles com Edu, Antunes e cia. No 2º tempo, ele foi jogar na linha, para minha desgraça. Estou mentindo. Desgraça nada. Foi uma honra perder com um show de bola do mito.

Mais tarde, em 1987, eu como vice-presidente de marketing do Flamengo e ele, saído daquela lesão no joelho que quase o tirou do futebol, teve seu contrato colocado em dúvida pela diretoria comandada por Márcio Braga. Numa reunião, metade da diretoria achava que era um risco muito grande renovar com um jogador que poderia estar acabado para o futebol. Ponderei que deveríamos renovar, porque se ele não pudesse jogar, seria um ótimo relações públicas, embaixador e me ajudaria a trazer patrocínios. Diante desses argumentos, a decisão foi pela renovação. Em seguida, consegui o patrocínio da Blue Cross, que ajudou a pagar o salário dele. Resultado: comandou a equipe que ganharia a Copa União, nome dado ao Campeonato Brasileiro de Futebol de 1987.

Recentemente, em 2007, lancei meu livro *Uma bela jogada: 20 anos de marketing esportivo*, no qual, para meu orgulho, tive o prazer de ter dois depoimentos do Zico.

Por fim, não sei se é uma coincidência planetária, mas ele nasceu em 3/3/53 e eu, em 4/4/54.

Vida longa ao mito!

Fui eu, Zico!

Joel Santana – técnico de futebol

Para mim, Zico representa um símbolo não só de atleta excepcional, como também de um ser humano admirável, uma pessoa acima de qualquer suspeita, aquele cara em quem a gente confia de verdade, um modelo para todos. Apesar de ser considerado quase uma entidade, Zico é muito simples, brincalhão, divertido e humilde. Gente como a gente. Não tem frescuras.

Ele não se lembra de uma história que vou revelar, mas no início dos anos 1980, quando eu jogava no Vasco, e ele já era o ZICO, eu o marquei com violência e fui expulso por causa do lance. A família Antunes estava toda lá e ficou indignada, queria tirar satisfação com o sujeito que levantou o Galinho. Como eu era um mero desconhecido, acabei sendo confundido com o zagueiro Gaúcho, ex-técnico do Vasco, e consegui escapar dessa. Na época fiquei preocupado. Imagina ficar mal com o Zico? Mas graças a Deus nos tornamos amigos e hoje ele pode saber que eu fui o autor daquela falta em cima dele. Tanto naquela época como hoje, Zico me perdoaria. Como ele é do bem, não guarda mágoas, tem um coração de ouro.

Essa juventude hoje tem que se espelhar nas atitudes de Zico, que teve uma carreira brilhante, colecionou vitórias e é amado por todas as torcidas. Não tem nada que manche sua linda história, construída com muito suor, luta e glórias. Que o Galinho viva mais 60 anos para continuar sendo lembrado pelo incomparável craque que foi e espetacular ser humano que é.

Amigo e companheiro

Jorginho – técnico do Flamengo

Zico é um fenômeno como atleta e como pessoa. Devo a ele muito da minha formação profissional.

Muito me marcou sua disciplina e simplicidade. Acompanhei de perto todo o processo de luta e recuperação pós-contusão que ele sofreu causada pelo lateral do Bangu. Ele se enterrou na concentração para se tratar e a gente começou a conviver mais ali. Era muita dedicação, muito esforço, muita força de vontade. Aquilo me inspirava. Ele era o primeiro a chegar e o último a ir embora. Musculação, massagem, cobranças de falta. Eu tinha 19 anos e isso ficou na minha memória. Paixão e dedicação pelo que ele fazia e por quem ele era.

Zico se resume em simplicidade. O cara tinha toda a moral do mundo, podia mandar e desmandar, ser superior, mas optou pela humildade. Sempre tratou todos com igualdade. Sandra assistia aos jogos com minha esposa, graças a Deus pude viver isso.

Ele também foi diretor do Kashima Antlers e eu era técnico. Impressionante seu poder de liderança sem perder as características que sempre o acompanharam enquanto jogador. Riso fácil, abraço amigo, companheirismo, trabalho e competência. Uma honra ter jogado e convivido com ninguém menos que Zico.

Ao seu lado

José Carlos Araújo – quem mais narrou gols de Zico

Conheço o Zico desde os tempos em que ele tinha 15 anos. Estudava no Colégio Rivadavia Correya, na Presidente Vargas, bem próximo da Central do Brasil. Dali saía para os treinos. E foi o Celso Garcia, locutor da Rádio Globo, quem nos apresentou. Aliás, foi ele quem levou Zico para treinar na Gávea, mais ou menos na mesma época em que me levou para o esporte da Globo. Comecei como rádio-escuta, informando os jogos que estavam sendo disputados fora. O Galinho de Quintino foi o apelido dado pelo Waldir Amaral, chefe do departamento de esportes da Rádio Globo e um dos mais criativos locutores esportivos de todos os tempos. Tudo porque aquele garoto lourinho, bem magrinho, se destacava nas preliminares do Maracanã. Por umas duas vezes, tive a oportunidade de almoçar aos sábados na casa dos Antunes. O Velho Antunes e Dona Matilde sabiam receber. Como bom português, a comida era sempre farta. Ai de quem falasse mal do Flamengo na casa deles. Ele erguia a voz e rebatia na hora.

Nos tempos de juvenil, eu transmitia os jogos da categoria para a Rádio Globo e me lembro quando a dona Matilde me pedia para gravar em cassete os gols do filho de criação.

O Zico é até hoje o mesmo cara humilde que conheci na década de 1960. Até no modo de se vestir manteve a mesma sobriedade dos tempos de subúrbio. Dos irmãos, Edu, Zeca, Tonico e Nando eram os que sempre mantinham contato com a gente. Todos bons de bola, mas que não tiveram a mesma trajetória vitoriosa do Galinho. Aliás, apesar de jogar muita bola, com habilidade e velocidade, se o Edu jogasse no Fla seria famoso. Despontou no América, e, por isso, não teve a mesma projeção.

Na formação do Zico, dentro do futebol, deve-se ressaltar a insistência do Celso Garcia, que primeiro acreditou nele. E também no preparador físico José Roberto Francalacci, que cuidou de seu crescimento. Também o apoio do então dirigente George Helal, que foi uma espécie de segundo pai do Zico. Acompanhei toda essa evolução e posso afirmar que só faltou ao Zico ser campeão do mundo pela Seleção Brasileira. Porque, pelo Flamengo, ele teve essa alegria em dezembro de 1981, quando derrotou o Liverpool em Tóquio por 3 x 0.

Sonho de um colorado...

Jossiano Leal – analista de sistemas, MBA *em gestão, goleiro e colorado*

Quem me conhece sabe de duas coisas: sou colorado e sou goleiro. Mas uma coisa quase ninguém sabe: quando eu era criança, meu sonho era jogar no Flamengo de Zico (e de Júnior, Zé Carlos e outros).

Flamengo aquele que foi o primeiro brasileiro a ganhar o título intercontinental desde o Santos de Pelé nos anos 1960. Flamengo que ganhou a final do Brasileirão de 1987 do meu colorado, inclusive.

Mas voltando a Zico: eu nunca vi Pelé jogar ao vivo, assim como não vi Messi, Maradona ou Falcão. Mas vi alguns dos maiores craques da história ao vivo: Ronaldo, Ronaldinho, Zidane e Zico, o Galinho de Quintino.

Zico, que fez o futebol do Japão ficar grande, que, mesmo veterano, encarou o desafio e encantou o Oriente e fez muita gente torcer pela seleção nipônica na Copa do Mundo. Eu estava incluído no grupo de torcedores do Japão.

Mais do que gols, jogadas e liderança, Zico sempre teve caráter; e é por isso que ele é muito mais que um ídolo do Flamengo, do Rio ou do Brasil. Zico é um ícone do esporte mundial.

Dispensável, mas vou dizer!

Jota Júnior – jornalista e narrador do SporTV

Que o Galinho jogou muita bola é dispensável dizer. Mas vou dizer. Sabia tudo com a bola à sua frente. Habilidoso, inteligente, com maravilhosa visão de jogo, solidário aos companheiros, pois dava passes perfeitos; um fazedor de gols espetacular. Especializou-se também nas bolas paradas com um aproveitamento fantástico. Todos temiam Zico naquelas cobranças perto da área.

Mas é importante falar também de Zico fora dos gramados. Tive a honra e o prazer de conviver com ele em alguns momentos através da minha profissão.

Por exemplo, fui companheiro do Galinho na Copa do Mundo de 1990, na Itália. Convidado por Luciano do Valle, Zico integrou a nossa equipe de comentaristas naquele Mundial.

No dia a dia da redação e das viagens, demonstrou todo o seu carisma e igualdade no relacionamento com as pessoas. Descontraiu o ambiente, fez churrasco com a gente nas folgas, bateu uma bolinha em peladas da equipe de trabalho. Conhecemos ali outro lado do grande craque.

Tive o imenso prazer de transmitir, pela Bandeirantes, a despedida do Galinho no Maracanã, uma festa inesquecível. Notável.

Outro acontecimento pessoal com o Galinho foi em 2001 no casamento de Raul Plasmann, em Londrina. Fomos padrinhos do ex-goleiro e extraordinária figura humana, o Raul. Ele e dona Sandra dividiram a mesma mesa comigo e minha esposa. Foram horas de papo agradável e de muita descontração.

Zico é intocável na sua história com o Flamengo, com a Seleção, como técnico de futebol fora do país, como palavra de autoridade em momentos políticos em diversas ocasiões. Zico tem personalidade. Erra e acerta como todos nós, mas jamais deixa de se impor com seus pareceres e posições.

Ele merece todas as homenagens, sempre.

Entre os dez, és Zico!

Juarez Soares – comentarista esportivo da Rádio Transamérica

A impressão que eu tive durante todo o período em que o Zico jogou futebol profissional, embora eu trabalhasse em São Paulo e ele atuasse no Rio de Janeiro, evidentemente foi das melhores. Eu estive contabilizando outro dia, e imaginei que nunca vi um jogador fazer tantos gols por um time como Zico fez. Evidentemente que estou deixando o Pelé de fora.

O número de gols que o Zico fez pelo Flamengo e a importância desses gols merecidamente o colocam como grande ídolo da história do time. O Flamengo teve outros grandes jogadores, sem dúvida nenhuma, mas o Zico é ídolo porque o gol é a razão do futebol, e ele soube fazer gol como ninguém. E gols importantes, decisivos, como aquele contra o Cobreloa que classificou o Flamengo para jogar o Mundial Interclube, que o Flamengo acabou ganhando. Ele não fez gol nessa final contra o time inglês, mas, na verdade, criou situações, deu passes pro Nunes fazer os gols. Então, em todos os momentos, enquanto foi jogador profissional do Flamengo, o Zico deixou marcada a sua presença de uma forma brilhante.

Foi um jogador que fez gol de cabeça, embora não fosse muito alto, um jogador que fez gol de falta como ninguém. Um jogador que fez gol de dentro da pequena área, de fora da grande área. O Zico fez gol driblando o goleiro, fez gol até de pé esquerdo, que não era o seu forte. Para o Flamengo, ele é um jogador maravilhoso em todos os aspectos.

E fora do Flamengo, jogando pela Seleção Brasileira, teve também atuações brilhantes. Mas, por uma série de circunstâncias, não repetiu na Seleção o futebol que jogou no Flamengo. No Flamengo, é bom considerar, ele veio ao lado do Júnior, ao lado de Adílio, ao lado de tantos outros jogadores provenientes da base. Jogou também ao lado do Raul, o goleiro que não veio da base, mas participou daquele time campeão do mundo. Então, o Zico veio da base do Flamengo com os jogadores apaixonados pelo Flamengo. E aquela geração realmente o coloca como um jogador extraordinário.

Depois, ele foi pra Itália onde, no começo, foi um arraso, porque o que ele fez de gol de falta espantou os italianos. Eu acho que ele fez quatro gols de falta em quatro jogos seguidos. Os goleiros italianos passaram a preparar a defesa contra a Udinese, que era o time em que o Zico jogava, de tal maneira que eles pudessem dificultar pra ele ultrapassar a barreira, inclusive dividindo-a dois jogadores pra um lado, dois pro outro. Mas ele continuou fazendo gol e ganhou respeito também na Europa.

Na Seleção Brasileira também fez gols extremamente importantes e participou da Copa de 1978. Foi, inclusive, autor daquele famoso gol em que houve a cobrança de escanteio e ele desviou a bola de cabeça. Mas quando o Brasil estava comemorando o gol, o juiz disse que o jogo tinha acabado quando a bola estava no ar. Se a bola estava no ar, por que ele deixou cobrar o escanteio? Quer dizer, no espaço em que o jogador brasileiro bateu na bola, fazendo o cruzamento, até a hora em que ele cabeceou, passaram-se dois, três segundos. Por que o juiz não acabou o jogo antes então?

Zico entra para a história do futebol brasileiro pelas mais variadas razões. Eu tive a oportunidade de cobrir a Copa de 1978 na Argentina, onde ele atuou e depois até saiu do time. Tive a oportunidade de cobrir a Copa de 1982, quando ele formou aquele time espetacular, orientado pelo Telê Santana.

Zico sempre foi um jogador de muita personalidade. Ele nunca deixava de atender à imprensa do Rio de Janeiro, com a qual convivia muito bem, e do restante do Brasil quando a gente fazia cobertura, por exemplo, da Seleção Brasileira. Mas sempre foi muito franco naquilo que tinha que falar. Se perguntassem qualquer coisa pra ele, Zico não deixava uma resposta pelo meio do caminho só por gentileza. Falava aquilo que sentia com a autoridade que o futebol lhe deu. Então, quando você pega o painel da história do futebol brasileiro, sem dúvida nenhuma, o Zico está entre os dez maiores jogadores do nosso futebol.

Rei que dá gosto!

Juca Kfouri – jornalista da ESPN Brasil e da Folha de S.Paulo

Zico acabou com a resistência de São Paulo, terra que lhe foi burramente hostil durante um período, ao tratá-lo como "craque de Maracanã".

Foi preciso que ele apresentasse alguns recitais inesquecíveis no Morumbi para que todos se dessem conta do crime contra o futebol que cometiam.

Zico é um caso raro de idolatria que não só se mantém como se amplia.

Talvez por ser um cidadão sem máculas, com uma vida sem escândalos.

Da acusação que um dia recebeu, na Itália, por sonegação de imposto de renda, foi devidamente inocentado lá mesmo.

Das fraquezas bem-intencionadas que teve ao aceitar trabalhar com Ricardo Teixeira, a quem sempre criticara e por quem tinha sido processado, redimiu-se ao se declarar arrependido.

Do governo Collor, saiu com grande dignidade e com uma Lei Zico que era um avanço, exceto pela legalização do bingo, contrabando que lhe impuseram no Congresso Nacional.

Mas, mais que tudo, o contador de casos que virou e o bom senso que demonstra em todas as respostas que dá revelam um ídolo maduro e pronto para seguir se dando bem na vida.

Rei vivo, rei que dá gosto.

Arquivo pessoal

Amigo, irmão!

Júnior – ex-jogador de futebol, campeão mundial pelo Flamengo em 1981 e comentarista esportivo da Rede Globo

Falar do Galo talvez seja umas das coisas mais fáceis de fazer. Afinal, o que dizer de um cara que conheci quando tínhamos ele 15 e eu 14 anos? Ele jogando futebol de salão no time do pai do Amarildo e eu, no Sírio Libanês.

Voltamos a nos encontrar já no campo, cinco anos depois, no profissional do Flamengo. Dividimos o mesmo quarto na concentração de São Conrado por quase dez anos seguidos.

O senso familiar foi o que mais nos aproximou, tenho certeza! A maneira de pensar e agir em relação a companheiros e adversários.

A integração com os irmãos, seu Antunes que nos chamava a atenção como se fôssemos um dos Coimbra quando achava que estávamos errados em alguma coisa. Era sempre para ajudar e da mesma forma como deve ter sido com todos os Coimbras, jogadores ou não.

Falar das conquistas seria também muito fácil, afinal só não estivemos juntos em 1987 (eu ainda estava na Itália) e em 1991/1992 no Carioca e no Brasileiro (foi a vez dele jogar na Itália). Em todas as outras dividimos as voltas olímpicas em todos os cantos do Brasil e do mundo.

Nas decepções, também estávamos juntos. A morte do Geraldo abalou o Galo de uma maneira impressionante, afinal o Gera era como um membro da família dele e adorado por todos.

As partidas perdidas e os títulos não conquistados só serviram para dar mais força para tentar de novo. Afinal, ele sempre tinha uma palavra motivadora mesmo após as derrotas menos esperadas.

Uma pessoa que, mesmo sendo durante todo o tempo a estrela da companhia, jamais se comportava como tal, sempre olhando o lado do grupo e deixando o individual em segundo plano; ele só podia ter admiração de todos os colegas que conviveram com ele.

O tempo passou e mesmo depois de 45 anos de convivência nada mudou do Zico de 1968. Somente o brilho nos olhos quando começa a falar dos netos maravilhosos com que a molecada presenteou, Zico e a Sandra.

Sessentinha é tranquilo, até porque para ensinar a esses moleques os truques da bola, o Galo vai ter ainda muito tempo.

Saúde, do amigo de sempre.

Só o Zico?

Jussara Ajax – Donas da Bola

Falar sobre o Zico é fácil. Fácil porque é como se o conhecesse desde que nasci. Cresci ouvindo as histórias do Galinho jogando, o

Mundial do Flamengo... Sempre foi meu ídolo, mesmo o vendo jogar só por VTs.

O encontrei diversas vezes pelo Rio de Janeiro. Sempre me empurravam para falar com ele, mas nunca tive coragem.

Até o dia em que fui ao lançamento do seu DVD. Depois de quase 3 horas na fila, não poderia fugir, não é?

Quando cheguei perto dele não consegui abrir a boca. Esqueci o nome do meu pai para o autógrafo, e quando ouvi "Calma, sou só o Zico" desabei. Era "só o Zico", meu ídolo desde sempre.

Mais "mico" impossível, mas saí daquela livraria nas nuvens!

Depois dessa vez, muita coisa aconteceu. Entrei para o Donas da Bola, Zico se tornou nosso padrinho...

Já o vi diversas vezes depois disso, já sentei em sua sala, já estive com o manto do Mundial em mãos, mas parece que cada vez é a primeira. O nervosismo é sempre o mesmo, e o respeito e a admiração que tenho por ele só aumentam.

Ídolo, padrinho, exemplo de humildade.

Arthur Antunes Coimbra, mais conhecido como Zico

Kerem Gunay – torcedor do Fenerbahçe

Durante as comemorações do centésimo aniversário do Fenerbahçe, Arthur Zico conduziu a equipe na melhor campanha de todos os tempos do clube na Champions League. Um ser humano notável! Tenho as mais lindas lembranças do encontro contra o Sevilla!

O segredo do sucesso: boa comunicação com os fãs, bom relacionamento com os jogadores, respeito pelo seu trabalho.

Kralex (o apelido de Alex Souza na Turquia, que significa "Rei Alex") e Zico, tenho sorte por ter visto duas lendas do futebol. Sou muito grato por isso.

Eu te amo, Zico.

Sorriso sem modéstia

Leila Almeida – jornalista

Sou e sempre fui fã do Zico, daquelas de ficar com o papai na arquibancada desde os 14 anos torcendo a cada passe, gol ou lance do Galinho no Maracanã cheio de gente colada nos nossos joelhos. Jogos às quartas e aos sábados ou às quintas e aos domingos, enfim... todos do início ao fim da carreira do Zicão.

Criança, moça, mulher... enfim, virei uma jornalista/editora de esportes e eis que em 1986 tive a oportunidade – quase única naqueles tempos ainda de muito preconceito com as mulheres no futebol – de trabalhar com a Seleção Brasileira pela TV Manchete no último ano de concentração da equipe de Telê Santana e com – IMAGINE – o meu ídolo na Toca da Raposa em BH.

Eu – editora – levei um susto enorme quando precisei sair da Unidade Móvel na Manchete (aliás, a unidade era um daqueles ônibus bem velhos). Fui "convocada" pelo meu chefe Mário Paulo Nunes para entrevistar Zico. Na época, Zico tinha voltado a sentir o joelho e não conseguia participar dos treinos com bola. Mário Paulo me gritou e falou que a missão teria que ser minha. Eu apenas precisaria levar um microfone para ele falar o que quisesse. Só isso. Juntei as forças – porque fiquei branca e as pernas estavam trêmulas – e me vi naquele meu antigo sonho de trabalhar como repórter de esporte. Só respostas do Zico, que nada!! Fiz uma matéria exclusiva desde a hora em que ele saiu da Toca, treino na piscina, enfim, até as primeiras palavras sobre tudo o que estava acontecendo com ele, após sentir a lesão novamente e a possibilidade de ficar fora da seleção que iria ao México. O VT entrou no Jornal da Manchete. Zico se emocionou. Na época, recebeu milhões de mensagens que torcedores de todo o Brasil enviaram para ele. Viu tudo pela primeira vez. Ganhei parabéns de toda a equipe (única mulher entre trinta e tantos homens da Manchete naquela cobertura em BH) e da direção também.

Guardo até hoje a foto com ele e isso tudo no coração, detalhe por detalhe, porque – daquele dia em diante – ele se lembra de mim. Aquela (euzinha, um ser humano como outro qualquer) que nunca vai esquecê-lo.

Hoje tenho 29 anos de jornalismo e trabalho no SporTV (uma das "fundadoras" do canal há 22 anos). Zico, depois do episódio, sempre fala comigo em todos os lugares em que a gente se esbarra. E, naquela foto, o meu sorriso – desculpe a modéstia – é um dos mais bonitos da minha vida.

O monstro!

Lucas Von – publicitário, colunista do globoesporte.com e gremista

Nascido em 1985, confesso que não me lembro de ter visto o Zico jogando ao vivo. Evidentemente, já mais velho, vi imagens do Galinho de Quintino atuando, e, hoje em dia, tenho a dimensão do MONSTRO que ele foi.

Na verdade, não foi: ainda é. Zico segue sendo um monstro. O craque do Flamengo é querido pelo Brasil inteiro principalmente por sua personalidade tranquila, seu caráter, sua índole. E isso, pra mim, vale mais do que o talento. Habilidade, técnica, bom passe, bom chute: não adianta, o sujeito tem que nascer com esses dons. Questão de sorte. Já a retidão de uma pessoa é uma questão de escolha. E apesar de o futebol ser algo tão lindo e emocionante, muitas vezes nos deparamos com casos e condutas lamentáveis nesse meio.

Acho tão louvável um sujeito que jogou tudo que jogou e é ídolo no Brasil e no mundo seguir sendo humilde e correto. Sem passar por cima de ninguém e, enfim, sendo um exemplo a todos. E os ídolos têm essa responsabilidade social: são neles em quem nossas crianças se espelham e se inspiram.

Por isso digo que o Zico não foi um monstro, ele ainda é. E, mesmo sendo gremista, quando estou fora do país e o assunto descamba para o futebol, é o nome dele que eventualmente evoco com orgulho.

A lenda!

Luhana Baldan – Donas da Bola

Arthur Antunes Coimbra, Zico, ou Galinho de Quintino, ou, melhor ainda: nosso amado padrinho. Gostaria de tê-lo visto jogar desde o início de sua carreira até o último dia. Gostaria, mas não pude; entretanto posso dizer que é uma honra para mim fazer parte de um grupo maravilhoso e apadrinhado por esse guerreiro, por esse exemplo de jogador que foi e pessoa que é. Um ídolo cuja história é conhecida e admirada por todos. Exemplo de humildade e de homem que lutou muito e conseguiu a admiração de todos que estão à sua volta e daqueles que tampouco o conheceram, assim como eu. Zico era vitorioso e continua sendo um dos maiores. Tomei de exemplo essa história de vida e com o passar dos anos, conhecendo pessoas que o conheceram, passei a admirar mais e mais o trabalho que desenvolveu. Foi entrando em contato cada vez mais com a história desse campeão que eu me apaixonei mais e mais pelo futebol, como esporte e como parte da minha vida, e jamais imaginaria que um dia seria apadrinhada por ele, "O Rei Arthur".

Eu me lembro de um tempo em que assistia ao *Chaves*: todas as vezes em que o personagem ia jogar futebol com o Kiko, eu dizia: "eu sou o Zico". Era pequena e pouco sabia. No entanto, vivia perguntando: "quem é o Zico?". E muitos me diziam: "É O MAIOR JOGADOR DO BRASIL". Cresci, pesquisei e me apaixonei: pelo futebol e pela história desse grande jogador. O Galinho de Quintino. Tive o prazer de conhecer grandes ídolos que passaram pelo meu Clube Atlético Paranaense, time para o qual torço desde pequena, mas tive o prazer também de poder fazer parte desta família de apaixonadas por futebol que tanto lhe admiram.

Tudo começou contra o Bahia. Sabia?

Luis Peres – blogueiro do União Tricolor Bahia (UTB)

Toda vez que alguém pronuncia a palavra "craque", a primeira imagem que vem em minha memória é a de Didi, "O Príncipe Etíope de Rancho", como dizia Nelson Rodrigues. Na Copa de 1958, exatamente no momento em que o Brasil sofreu o primeiro gol da Suécia. Calmamente, ele foi buscar a bola nas redes. Caminhou até o meio-campo com ela nas mãos. E com seu porte, elegância e liderança, determinou nossa conquista.

Para mim, mesmo estando com o jogo parado para nova saída, aquela cena ensinou o que acredito ser o verdadeiro futebol: categoria, técnica apurada, genialidade, raciocínio rápido, liderança, amor e respeito ao clube, à profissão e ao adversário. Pressupostos básicos do que é este esporte na verdade. A pura mistura do espetáculo com a busca pelo resultado. O que sempre chamamos de "futebol-arte".

Ainda criança, tive a honra de poder ver o maestro Gerson. Também: Tostão, Dirceu Lopes e o incomparável Rivelino. Tínhamos uma fábrica de gênios. Cada um com seu estilo. Desfilavam categoria nos gramados. Nessa época éramos imitados e ilimitados. Nossa Seleção "sofria" pelo excesso de opções. Cada torcedor tinha sua própria escalação e todos os brasileiros ainda eram chamados de técnicos.

Passamos por uma entressafra pós-Copa de 1970. Nossos craques haviam envelhecido e iniciou-se uma renovação. Começou a busca por novos "Pelés". O original havia se aposentado da Seleção. Os eleitos surgiam e, da mesma forma, desapareciam. Assistimos ao nascimento do futebol holandês e à nova forma de jogar. Não acreditávamos no que víamos e perdemos. Era o "futebol total".

Algo tinha que acontecer. Da Gávea, um garoto com "vinte e poucos anos" destacava-se. Estaria ali o que viria a ser um dos maiores jogadores brasileiros de todos os tempos. Alguém que ocuparia o vazio deixado na idolatria nacional. Irmão de craques e de corpo franzino exibia qualidades; foi preparado fisicamente para que pudesse desenvolver todo o seu potencial. Surgia o fenômeno Zico.

Atuando num time recheado de grandes jogadores, ainda assim, Zico conseguiu sobressair-se aos demais. Era sua referência. Seus adversários o respeitavam. Todas as torcidas o admiravam. Era o sonho de consumo dos treinadores. Os esquemas táticos e os sistemas de jogo eram criados a partir dele. Sua categoria e classe dariam o tom do rubro-negro. Muitos fizeram seus nomes por sua generosidade dentro e fora de campo.

Sua carreira nos proporcionou momentos antológicos. Confrontos inesquecíveis com o Atlético Mineiro de Reinaldo ou clássicos contra o timaço do Santos. Jogos que estão eternizados na história do nosso futebol. Tempos em que assistíamos a grandes espetáculos, com estádios e gramados sem qualidade, mas nem por isso seus atores deixavam de cumprir sua missão e não reclamavam tanto.

Dos que vi jogar na era pós-Pelé, foi o mais completo e o que mais se aproximou do Rei. Armava o jogo com a mesma facilidade com que detonava os goleiros adversários. Marcava de cabeça, de falta, com os dois pés (não ao mesmo tempo), gol escorpião, marcando com drible similar ao que Mazurkiewicz sofreu em 1970. Seu repertório era inesgotável e surpreendente.

Nenhum "Tá lááááá" de José Cunha, ou qualquer "Eeee o gol" de Januário de Oliveira caíram tão bem nos gols de qualquer jogador quanto nos do Galinho. Era diferente. Era mais gol do que os dos outros. Parecia que a bola havia entrado duas vezes. Soava como um orgasmo desejado e que sabíamos que aconteceria. Era apenas questão de tempo. Os locutores preparavam seus pulmões para o grito.

Ao contrário do que a grande imprensa tenta inventar, para mim, Zico foi melhor e mais completo que Maradona. Dois confrontos mostraram a diferença. Contra o Boca Juniors no Maracanã, quando o gringo foi humilhado, levando de brinde uma terrível "caneta". Igualmente na Copa de 1982, quando o Galinho abusou de jogar futebol e ajudou a massacrar a Argentina. "El Pibe" sofreu novamente.

No Brasil das injustiças, questionam sua história mais que vitoriosa pela ausência de título de Copa do Mundo. Para quem ganhou tudo, isso nada significa. Foi o maior exemplo de todos. Sacrificou-se, sem precisar fazê-lo, para disputar a Copa de 1986. Infelizmente, tentou levar esperança e serviu de bode expiatório. O que fica, para mim, é que foi protagonista do maior time de todos os tempos: A Seleção de 1982. Isso basta.

Inventou o futebol no Japão. Levou para aquelas plagas o esporte que já nasceu pronto. Fez aquela nação aprender a conhecer o improvável sentimento de amor pela bola. Como jogador e técnico, foi e é ídolo. Seu nome sempre estará marcado. O Leste Europeu também o respeita. Sabe de sua capacidade. Não é por acaso que tem uma sólida carreira internacional.

Os deuses do futebol sempre nos proporcionam surpresas. Acho que por isso é um esporte viciante. Sou Bahia. "O maior do Nordestão." Azul, vermelho e branco. Tricolor de aço. Por questões óbvias, as cores vermelha e preta, juntas, sempre representaram para nós o "lado negro da força". Vestem nosso principal rival. Motivo de nossas alegrias e nossos dissabores.

Porém, sou obrigado a reconhecer que, durante a primeira metade da década de 1980, nutri uma admiração quase secreta por aquele rubro-negro. Era bonito de ver. A alma da bola exposta diante de nossos olhos. Um jogo coletivo sem perder as individualidades. Marcação e passes perfeitos. Uma máquina de fazer gols. Zico foi o responsável por esse quase imperdoável deslize. Pelo bem do futebol, eu me perdoo.

Ironicamente, o Galinho iniciou sua trajetória de goleador na Velha Fonte Nova, lá pelos idos de 11 de agosto de 1971 na primeira fase do Campeonato Brasileiro. Seu primeiro gol como profissional foi contra o meu Bahia. O técnico do Flamengo, Fleitas Solich, havia guindado aquele jovem com apenas 18 anos do juvenil, tentando resolver as dificuldades que o clube passava naquele momento. Talvez poucos se lembrem disso. A história registra e não nos deixa esquecer. Solich não imaginava o bem que faria ao esporte.

Por tudo isso, comecei citando a figura de Didi em 1958. Na Copa de 1986, sofrendo pela irresponsabilidade criminosa de um adversário que destruiu seu joelho, Zico, num sinal inequívoco de desprendimento e liderança, penou em tratamentos para atender aos anseios da nação. Vi novamente aquela imagem. Foi homem para cobrar o famigerado pênalti. O resultado pouco importa. Ali aprendemos o que é ser um herói. Ao final, estava de pé.

Mais que um jogador e técnico, Zico é um exemplo. Um homem de família, um profissional exemplar, alguém para se admirar e seguir. Nestes tempos difíceis, em que o errado é a regra, precisaríamos de muitos "Zicos" para ressuscitar nosso futebol. Para assumir nossos combalidos clubes, que tanto sofrem por incompetência, falta de desvelo e honestidade.

É, Galinho! O meu Bahia está marcado em sua história. Assim como sua história marcou a todos nós. Zico é um craque da vida!!

Zico, o craque

Luiz Ademar – jornalista, comentarista do SporTV e atual presidente da Aceesp

Zico foi o melhor jogador que eu vi jogar. Tenho 45 anos e não tive oportunidade de ver Pelé, Garrincha, Djalma Santos, Gérson e outras feras em ação. Passei a acompanhar futebol, no estádio, no meio da década de 1970, quando a maioria dos craques da Copa de 1970 havia parado de jogar.

Não sou flamenguista. Sou apenas um amante do futebol. Fã de Zico! Craque na bola parada, inteligente com a bola rolando, oportunista quando se lançava ao ataque, goleador dentro da área, solidário nos passes e lançamentos aos companheiros. Genial na arte de jogar bola.

Minha admiração maior ao futebol do Zico começou na Libertadores de 1981. Apesar do timaço do Flamengo, o Galinho de Quintino foi decisivo na conquista do título, marcando quatro gols nos três jogos decisivos diante do Cobreloa, do Chile. No final de 1981, o Flamengo foi disputar o Mundial de Clubes no Japão contra os ingleses do Liverpool. Confesso que torci muito pelo Zico, a quem já admirava a distância. E não me decepcionei. Melhor! Virei fã confesso dele.

O Flamengo venceu o Liverpool por 3 x 0 e, após o Santos, de Pelé, foi campeão mundial de clubes. Mas o que importava para mim era o futebol apresentado pelo Galinho na disputa pelo título. Os três gols do Flamengo saíram dos pés do craque da camisa 10. No primeiro gol, Zico deixou Nunes na cara do gol. No segundo, após bela cobrança de falta, o goleiro rebateu e Adílio marcou. No terceiro, outra vez Zico deu bela assistência para Nunes.

Virei fã de Zico. Vibrei com suas conquistas, torcia por suas artilharias e ficava encantado com sua perfeição nas cobranças de falta.

Em 17 de fevereiro de 1982, eu confesso que odiei Zico. Por apenas 90 minutos. Fui ao Morumbi ver o meu São Paulo, com craques como Oscar e Dario Pereyra, no Campeonato Brasileiro. Ali a minha paixão pelo meu clube falava mais alto. Que se danasse o Zico! O São Paulo precisava ganhar.

Renato fez 1 x 0 para o São Paulo no início do jogo. E vários são-paulinos que estavam na arquibancada começaram a ironizar Zico; ele era vaiado quando pegava na bola e chamado de craque de Maracanã! Parece que o Galinho de Quintino ouviu, ficou bravo e jogou muita bola.

É verdade que o Flamengo tinha um timaço. Lembro, de cabeça, de Raul, Leandro, Júnior, Mozer, Tita, Lico, Andrade, Marinho, Adílio. Quase uma seleção, comandada por um fora de série: Zico.

Nunes empatou e Lico virou ainda no primeiro tempo. Tita fez o terceiro e Zico, que jogou uma barbaridade, o quarto, de cabeça. Foi 4 x 1 para o Flamengo. O São Paulo, valente, mas tecnicamente inferior, ainda descontou com Dario Pereyra e Everton. E a derrota, por pouco, para o time do Zico acabou bem assimilada por mim, que saí do estádio ainda mais encantado pelo futebol do Zico.

Sofri pelo Zico e também pelo Telê Santana na eliminação da Seleção Brasileira, a melhor que vi jogar, pela Itália na Copa do Mundo de 1982. Minha paixão pelo futebol nunca perdeu Zico de vista. Passei a acompanhar o futebol italiano de perto quando o Galinho foi para a Udinese, de 1983 a 1985. O craque chegou a ser vice-artilheiro da competição jogando em um time pequeno da Itália. Voltou ao Brasil em 1985 e retornou ao Flamengo. Craque que é craque não veste várias camisas. Tem amor pelo clube, como Zico e poucos tiveram por um clube só. Machucado, foi à luta na Seleção Brasileira de 1986. Perdeu pênalti no tempo normal e viu a França, na decisão por pênaltis, eliminar o Brasil. Não fiquei chateado. Craque também erra!

Em 1991, já em fim de carreira, Zico foi convidado para ajudar a profissionalizar o futebol japonês. O Galinho não só defendeu e ganhou títulos com a camisa do Kashima Antlers, do Japão, como abriu o mercado para os brasileiros e europeus e cumpriu sua missão na J-League.

Em 1994, quando eu já era cronista esportivo, repórter do *Diário Popular*, de São Paulo, fui ao Japão acompanhando um amistoso da seleção paulista diante do Kashima Antlers. E vi, de perto, a admiração dos japoneses ao ídolo Zico. Estava hospedado em Tóquio, no mesmo hotel da seleção paulista e do Zico. Após fazer uma matéria com Marcelinho Carioca, Rivaldo e Viola, que defendiam a seleção paulista, fomos tomar um café em um restaurante dentro do hotel. Estranhamos quando vimos uma imensa fila na porta do restaurante, que estava vazio.

Entramos para tomar café e Zico estava em uma mesa, no canto, em silêncio. Quando nos viu, fez sinal para sentarmos ao seu lado. Rivaldo, Marcelinho Carioca e Viola o abraçaram. Todos disseram ser seu fã. Eu me apresentei como repórter, disse que era o mesmo que havia marcado entrevista com ele, no dia do jogo, em Kashima, e ficamos conversando.

Meia hora mais tarde, Zico levantou para voltar ao seu quarto. Eu, com a curiosidade de repórter, perguntei: "Zico, o restaurante está vazio. Não entendi a fila lá fora". O Galinho respondeu: "O povo japonês é educado. Todos querem meu autógrafo, mas não querem me incomodar. Organizam uma fila e, se eu quiser dar autógrafos só para os cinco primeiros, faço o número cinco com as mãos, e do sexto em diante todos vão embora".

O Galinho deixou o restaurante e passou mais meia hora dando autógrafos. Não deixou ninguém sem sua assinatura. E minha admiração aumentou ainda mais. Posso falar sem titubear: o cara sempre foi e sempre será craque, dentro e fora de campo!

Zico, ídolo no futebol e na vida

Luiz Fabiano Marinho – jornalista

Sempre li que as pessoas nunca são maiores que as instituições. As pessoas passam e as instituições ficam. Verdade. As instituições podem se eternizar, e as pessoas não, pois envelhecem e morrem.

No entanto, as instituições são feitas e formadas, essencialmente, por pessoas. E é o que essas pessoas entregam, quando passam por lá, o que realmente importa e o que realmente faz uma instituição ser o que é, crescer ou cair no seu mercado.

Trabalhei e convivi de perto com personalidades que marcaram e ainda marcam a história do país. Minha vida, curiosamente, me levou a conhecer e a conviver com gente famosa. Artistas, jornalistas, escritores,

senadores, deputados, desembargadores, juízes, cantores, novelistas, radialistas, repórteres, colunistas, e muita gente do meio do esporte. Dirigentes, técnicos e jogadores. E o Galo foi o maior jogador e um dos maiores seres humanos que conheci.

Nasci rubro-negro. Meu pai, um grande rubro-negro, não me deixaria fora dessa alegria. Muito cedo me levou ao Maracanã. Os anos 1960 não eram exatamente uma época em que o Flamengo tinha um timaço, mas a nossa incomparável torcida fazia toda a diferença. A paixão se instalou em mim.

O que viria pouco depois dos anos 1960 na minha vida de torcedor do Flamengo era muito mais do que eu podia esperar. Vi, de perto, o Flamengo ser campeão de tudo, seis vezes campeão Brasileiro (estive presente em todas as decisões do Campeonato Brasileiro) e até campeão do mundo. Vi o Flamengo inverter todas as estatísticas desfavoráveis e vi nascer o maior ídolo de um clube brasileiro, o meu, o nosso ídolo, Zico, o Galinho de Quintino!!

E foi ele, Zico, quem começou essa grande fase do Flamengo. Fase em que os nossos inimigos tiravam a calça pela cabeça de tanta raiva. Fase em que ninguém me aturava! Sou testemunha viva de que o Galo foi o principal responsável por tudo de bom que aconteceu entre 1978 e 1987. E o nosso ídolo não era apenas o melhor jogador do país, mas também, um homem sério que cumpria com todos os seus compromissos de forma impecável, que trabalhava mais que todos para desempenhar bem o seu papel dentro de campo. Quantas vezes eu o acompanhei após os treinos em incansáveis sessões de cobrança de faltas! Não foi à toa o melhor cobrador de faltas de todos que já se viu. Falta na entrada da área? A gente comemorava o gol. O Galo era o capitão do Flamengo, o líder maior dentro e fora de campo. A era vencedora começava fora de campo. Zico dava o exemplo, ele era o espelho do time. Eram times de muita técnica, mas de muita garra, também. Aqueles timaços não venceram por acaso, foram forjados na imagem do seu líder máximo.

Em 1987, chegou ao Flamengo um jovem promissor chamado Leonardo. Frequentava o mesmo clube que eu em Niterói, o Rio Cricket, clube inglês onde a bola rolou pela primeira vez no estado do Rio de Janeiro. Leonardo começou no time principal aos 17 anos e sempre voltava pra casa no meu carro após os jogos. Não era raro eu levá-lo em programas de futebol na TV.

Eu, que já conhecia o Zico da Gávea, porque ia sempre ver os treinos do Flamengo, junto com meus colegas de O *Globo*, nesse período o conheci melhor ainda. Um grande cara. Ele ajudou muito o Léo. Principalmente dentro de campo e no plano emocional. Imagina o que era para o Léo jogar naquele timaço com apenas 17 anos? E jogar ao lado do seu maior ídolo! O Zico fez o Léo, ensinou tudo que ele sabe.

Dessa época, eu tenho, dentre tantas, três grandes lembranças. A primeira quando, na saída de um jogo importante do Brasileiro de 1987, o Zico parou o carro dele (dentro do pátio interno do Maracanã, na saída do vestiário) para me oferecer carona. Agradeci e disse que esperava o Léo sair para levá-lo a um programa na Manchete (Paulo Stein). Pode parecer uma coisa boba, mas pensa aí você o que é o cara parar o carro e oferecer carona para um Zé Ninguém como eu? A outra, quando ele marcou comigo de levar o time Nova Geração lá no Rio Cricket. Me passou o telefone da casa dele no Maracanã. Liguei para combinar e nem acreditei quando ouvi do outro lado: "fala, figura!". Passamos um dia maravilhoso com diversão para a garotada (os filhos dele nem queriam ir embora), e nós rimos muito com algumas histórias do futebol. A última, na comemoração do tetracampeonato Brasileiro, aquela comemoração em que somente as famílias dos jogadores são permitidas entrar, o Léo me levou junto com a mãe e o irmão; o Galo chegou, veio até onde estávamos e me deu um abraço que eu jamais esqueci.

É óbvio que eu me lembro do meu ídolo Zico dentro de campo, em tantas e tantas glórias conquistadas. Mas é das lembranças do meu ídolo fora de campo que eu tenho maior gosto. Ídolo assim nunca houve. Ídolo e Rei.

Rei eterno do Gigante Rubro-Negro e que, no final das contas, é uma pessoa comum.

Eu vi o Zico! Eu vi o Zico!

Marcelo Barreto – jornalista do SporTV

Durante mais de 20 anos, nunca imaginei que poderia estar perto dele, como se ele fosse gente de carne e osso. Mas esse dia chegou, em 1991, quando eu era estagiário do jornal O *Globo*.

Minha reação diante dele não foi tão bonita quanto a do filho do Costinha, mas teve seu quê de espontaneidade. Era uma entrevista coletiva, se não me engano, em Ipanema, já não lembro mais sobre que assunto. Até porque não prestei muita atenção no conteúdo. Só o que pensava era que estava perto do que para mim era a representação do jogador de futebol. A imagem que eu via na televisão e no Maracanã, o rosto num dos meus times de botão, o nome que eu gritava quando fazia um gol na quadra de cimento do Esporte Clube Biquense ou nos paralelepípedos da avenida Brasília. Até fiz uma pergunta, o coração acelerado por dirigir a voz ao ídolo. Mas em vez de me concentrar naquela e em outras respostas, para escrever o texto que seria avaliado pelo coordenador do estágio, ensaiava mentalmente o que diria quando estivesse frente a frente com ele, após o evento. Quando a oportunidade se apresentou, mandei: "Zico, antes de ser jornalista, fui seu ídolo a vida inteira. Você pode me dar um autógrafo para eu dar de presente ao meu irmão caçula?".

Não, não é erro de revisão. Eu troquei mesmo "fã" por "ídolo", confusão comum entre crianças. Talvez eu tenha voltado a ser criança naquele segundinho. Talvez estivesse só abobalhado mesmo. O fato é que meu primeiro contato direto com Zico foi um mico. Que ele não percebeu ou gentilmente fingiu que não. Simplesmente pegou o pedacinho de papel – que depois passaria anos pendurado num quadro de cortiça no quarto do meu irmão – e assinou.

Eu vi o Zico muitas vezes depois daquele dia, mas nunca perdi a capacidade de me surpreender. Quando apresentava o *Redação SporTV*, ele era o convidado de honra do programa a cada fim de ano, para falar do Jogo das Estrelas, o evento que até hoje permite que os fãs matem a saudade dele em campo. Eram duas horas de ótimo papo, com um cara que acompanhava o futebol do Brasil e do mundo muito mais do que todos nós, jornalistas que formávamos a bancada. Quando a porta do estúdio se abria, na velha redação do Rio Comprido, o corredor estava sempre tomado de gente querendo fotos e autógrafos. Muitos levavam camisas do Flamengo e da seleção. Zico saía sorrindo, dizendo que aquilo era tudo culpa minha, porque eu gostava de contar no programa que ele atendia todo mundo, sorria para todas as fotos, assinava todos os autógrafos, com a mesma paciência com que tinha assinado meu pedacinho de papel duas décadas antes.

Num desses programas, não me lembro se no primeiro, levei um susto. Como naquela entrevista coletiva em Ipanema, fiz uma pergunta e não ouvi a resposta. Estava ensimesmado, repetindo mentalmente: "O Zico falou o meu nome". Ele tinha simplesmente começado a responder com uma expressão do tipo "Olha, Marcelo...". Coloquial, se não tivesse vindo do que para mim ainda era a representação do jogador de futebol. Eu já não era mais estagiário havia muito tempo, mas o Zico ainda era a imagem que eu via na televisão e no Maracanã, o rosto num dos meus times de botão, o nome que eu gritava quando fazia um gol.

Os ídolos têm esse poder de resistir à humanidade. Por mais que você conviva com eles, compartilhe com eles situações do dia a dia, compromissos profissionais, talvez até pessoais, de vez em quando vem o susto. Quando Zico escreveu o prefácio para meu livro *Os 11 maiores camisas 10 do futebol brasileiro*, publicado pela Editora Contexto, (do qual, claro, ele é um capítulo), passei um tempo olhando as quatro letras no campo "De:" do e-mail antes de começar a ler. Quem estava me escrevendo era a representação... Bom, isso eu já disse e repeti. Mas cada episódio é assim mesmo, como se fosse o primeiro: estou diante do meu ídolo. Para mim, é sempre como se fosse a primeira vez.

Eu vi o Zico.

"Sessentinha"

Marcelo Bujica – ex-jogador de futebol, conhecido como "Caçador de Marajás"

Como torcedor do Flamengo e fã do senhor Arthur Antunes Coimbra, nunca imaginara na minha vida que Deus me daria a oportunidade de jogar no Flamengo e ao lado do maior ídolo da Nação.

Arquivo pessoal

Falar de Zico como atleta é fácil, porque todos conhecem e sabem o que ele representou: o atleta de futebol mais importante e o que mais contribuiu para que o Flamengo viesse a ser o que é hoje e o que representa no cenário mundial do futebol, junto de uma geração que também tinha Andrade, Adílio, Julio Cesar Uri Geller, Rondineli, Raul.

Zico, com sua habilidade, sua técnica, sua capacidade física e, principalmente, pelo fato de ter sido um atleta e um homem responsável, trabalhador, humilde, acima de tudo, e amigo, teve um papel fundamental na minha vida profissional, pelos conselhos, pelo apoio moral e por ter sempre defendido o Flamengo com o coração... Um cara que sempre fez e ainda faz tudo para que o Flamengo reencontre o caminho das conquistas...

Estou tentando achar adjetivos pra descrevê-lo, mas tá difícil! O homem é o CARA e tudo que eu diga aqui é muito pouco pelo que ele representa na minha vida e na do torcedor do Flamengo. Zico está completando *sessentinha* de muitas conquistas no campo profissional e pessoal e merece tudo o que conquistou e o que ainda tem por conquistar. A única coisa que posso fazer é agradecer pelo fato de ter jogado no Flamengo ao lado dele, ter feito gol com passe dele e ter sido o autor do último gol no último jogo oficial dele pelo Flamengo.

Arthur

Marcelo Coli – publicitário, guitarrista e torcedor do Flamengo

Claro que você não me conhece, mas faz mais ou menos 30 anos que estamos juntos e que você mudou a minha vida. Ao contrário da sua família, a minha não é só de flamenguista. Meu avô era vascaíno (mesmo sem ser português), tenho dois tios tricolores e um botafoguense. E acontece que eu fui o primeiro neto homem da família. Então, você pode imaginar a disputa que aconteceu pelo meu coração. E, confesso, o Flamengo perdeu. Eu virei Fluminense. Simplesmente porque eu disse o seguinte: "Quem me der o primeiro uniforme completo de time eu torço". Bem, meu tio correu e comprou um do tricolor. E eu tenho esta foto até hoje em minha prateleira, como uma prova de que o ser humano erra, mas pode consertar as coisas.

Bem, o tempo foi passando e meu pai e minha mãe foram ficando incomodados com isso. E foi aí que meu pai teve uma brilhante ideia: levar-me a todos os jogos do Flamengo contra os times mais fracos. E foi assim que eu fui a jogos como Flamengo x Olaria, Flamengo x Bonsucesso, Flamengo x São Cristóvão, Flamengo x Treze da Paraíba, Flamengo x Brasil de Pelotas. Então, algo interessante começou a acontecer: eu comecei a ser outra coisa além de Fluminense; eu comecei a torcer pelo Zico. Eu não virei Flamengo, primeiro eu virei Zico. E, mesmo sendo gordinho (até hoje sou), prestava atenção em tudo que você fazia tentando repetir nas peladas. Eu anotava os gols em um caderninho. E o principal: até hoje quando jogo, olho para os dois lados quando vou receber a bola. Assim, fui desenvolvendo uma ligação especial entre nós. Para mim, você era uma espécie de irmão mais velho que jogava muita bola. Em 1982, eu tive uma crise de sinusite exatamente no dia do jogo da Itália e a gente sabe como acabou. De alguma maneira, na minha cabeça de criança, estávamos sempre ligados.

Mas a gente cresce, né? Eu cresci, você foi pra Udinese, voltou e um dia parou de jogar no Flamengo; depois, foi pro Japão e eu aprendi a viver sem o meu irmão mais velho. E hoje, olhando para trás, eu vi uma coisa: antes de ser Flamengo, eu comecei a torcer pelo Zico. E até hoje sou assim, torço por você em tudo. Graças a Deus, o seu legado em minha casa foi fazer o primeiro neto da família um rubro-negro, tão apaixonado, que transformou todos os primos também em torcedores do Flamengo.

E já ia esquecendo! Também acho um homem que aturava jogar com Baltazar e depois Alcindo no mesmo time um sério candidato a santo.

Mais fácil seria não ter visto nada

Marcelo Courrege – jornalista da Rede Globo

Mais fácil seria não ter visto nada dele. Absolutamente nada.

Ignorar aqueles passes rasteiros, em que a bola se deslocava com um efeito irreal e parava em frente aos Nunes e Baltazares da vida.

Não saber da precisão com que ele cobrava faltas. A origem da bola não tinha a menor importância. Ela sempre terminava a viagem num daqueles ângulos de 90 graus da baliza, obsessão de todo goleador.

Sim, porque ele foi um artilheiro raríssimo. Frequentador esporádico da grande área, meio-campo assumido, mesmo assim um goleador de 826 punhos cerrados no ar. "Zico, Zicão, Zicaço" 826 vezes!

Mais fácil seria não ter visto nada dele. Absolutamente nada.

Quem nada viu não tem subsídios para lamentar. Quem viu tudo pode, ao menos, fechar os olhos e recriar na memória aquelas tardes de domingo, no Maracanã.

Mas aquele menino tinha 9 anos no derradeiro Fla-Flu, de Juiz de Fora. Pouco para se despedir, muito para ignorar. Doeu assistir ao último gol de falta da camisa 10 Rubro-Negra. Quantos mais o menino poderia ter testemunhado?

Mais fácil seria não ter visto nada dele. Absolutamente nada.

É impossível apreciar o futebol de Zico em pequenas doses. Querer um pouco mais é inevitável.

Ele também zoa...

Marcelo Oliosi – humorista e repórter do SporTV

Infelizmente, eu não tive o prazer de ver o Zico jogar, o maior ídolo do Flamengo, meu clube de coração.

Quando comecei no jornalismo, fiquei imaginando como seria entrevistar aquele que é considerado nas redações uma lenda viva do futebol e um Deus pros colegas rubro-negros. Acostumado com a marra de jogadores bem menos talentosos e vitoriosos que o Galinho, confesso que fiquei espantado quando vi pela primeira vez meu ídolo tirando foto e autografando camisas por quase uma hora no corredor do SporTV. No caminho que levava do estúdio até o elevador, presenciei ele dando atenção a todos que o abordavam, do mais importante diretor do canal até o mais simples funcionário da faxina. Muito diferente do que eu estava acostumado a ver.

E não foi diferente quando, pela primeira vez, tive o prazer de entrevistá-lo para o programa maluco que eu fazia na época. O *Pisando na Bola* era todo descontraído e bem-humorado, muitos não gostavam e outros até se recusavam a falar. Mais uma vez fui surpreendido quando, antes mesmo de fazer a primeira pergunta, o próprio já veio me zoando, e dentro do espírito do programa me deu uma entrevista superdescontraída. Ali eu conheci o atleta supercampeão, que deu alegrias a milhões de brasileiros, que fez história no maior clube do mundo e que é idolatrado até no Japão. Era e continua sendo um baita ser humano da melhor qualidade! Parabéns, Zico. Você é um exemplo! E muito obrigado por tudo o que você fez e ainda faz pelo esporte.

Um simples gesto que mudou minha vida

Márcio Neves – assessor de imprensa do Grêmio Football Porto-Alegrense

Minha infância não foi fácil. Refiro-me aos meus 9 e 10 anos. Sabe como é: gordinho, de óculos, tímido. Na época não se falava no tal de *bullying*, mas, se isso já fosse uma preocupação, certamente eu entraria como um caso clássico.

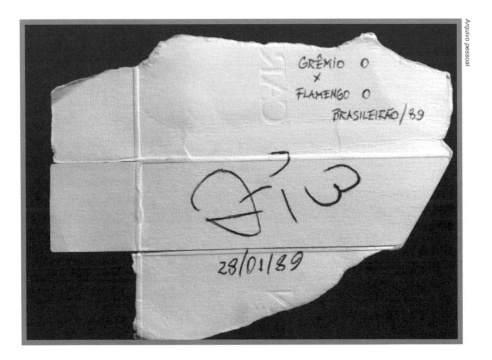

Em 1982, por exemplo, eu só tinha duas preocupações na minha vida: comer e completar o álbum da Copa do Mundo da Espanha. Aquele álbum das figurinhas que vinham no chiclete. Aliás, gastava toda a minha paupérrima mesada em chicletes. Até hoje lembro do prazer em colocar 135 gomas de mascar ao mesmo tempo dentro da boca e tentar cantar o Hino Nacional sem babar, para deleite dos meus colegas e repugno das gurias.

Por falar em gurias, queria distância delas. Ao contrário de alguns amigos mais próximos, que sonhavam beijar a Juliana, a mais bonita da turma. Eca! Naquela época, meu sonho era outro.

Pode parecer engraçado, mas meu sonho era ser aquele menino da propaganda da Coca-Cola. Ele não era gordinho nem usava óculos, mas tinha a minha idade e era louco por futebol. Conseguiu, não sei como, entrar no túnel que dava acesso ao campo do Maracanã. Estava ali. Espionando. Fora de contexto.

De repente, surge o Zico. O ídolo! Está ferido. Mancando, gemendo de dor. Carrega no ombro a camisa 10 da Seleção Brasileira. Certamente, acabou de apanhar de algum zagueiro argentino e teve que deixar o gramado substituído. No longo túnel, o menino deixa de lado a partida e pergunta ao Zico se pode fazer alguma coisa pra ajudar. Só estão os dois ali, cara a cara.

Cabisbaixo, o Galinho diz "não" e se arrasta rumo ao vestiário. Mesmo com a negativa, o menino oferece sua Coca-Cola ao ídolo e se afasta. Apiedado com o gesto singelo do pequeno, após sorver o refrigerante, Zico o chama de volta e entrega sua camisa como agradecimento. A camisa 10 da Seleção Brasileira.

Vocês têm noção do que é ganhar das mãos do Zico uma camisa oficial da Seleção? Uma camisa usada no jogo! Suada! Meus olhinhos se enchiam de lágrimas a cada aparição do comercial na TV. Pois eu passei anos sonhando em ser aquele menino da propaganda. Passei anos sonhando em ganhar uma camisa do Zico. Lógico que lá no fundo sabia que se tratava de um sonho impossível. Cansei de criar na minha mente o momento em que entraria na classe com a camisa em mãos. Cercado pelos amigos, paparicado e invejado. A glória!

Depois da Copa do Mundo e da derrota para a Itália, o comercial deixou de ser veiculado, mas jamais esqueci.

Alguns anos se passaram e o Flamengo, com Zico, veio a Porto Alegre enfrentar o Grêmio, no Estádio Olímpico. De tanto insistir, meu pai conseguiu me levar ao vestiário do tricolor logo após o término do jogo. Mas eu não queria ver os jogadores do meu time. Meu objetivo era outro.

Sorrateiramente, desci pelo túnel que dava acesso ao gramado, atravessei o campo e ingressei no túnel do outro lado, que levava ao vestiário adversário. Com o coração acelerado, percorri o pequeno trajeto até chegar ao final da escada. Quando levantei a cabeça, automaticamente fiquei paralisado.

A primeira coisa que vi foi aquela camisa 10 Rubro-Negra. Toda suja de barro. Era ele: o Zico! Ali, na minha frente, de costas pra mim, dando entrevistas para as rádios do Rio de Janeiro.

Permaneci boquiaberto por alguns minutos. Tratei de aproveitar cada segundo daquele momento. A entrevista foi rápida e imediatamente ele seguiu para a porta que dava acesso definitivo ao vestiário.

O que fazer? Precisava falar com ele. Desejei ter uma Coca-Cola para oferecer, mas estava de mãos abanando. Só tive tempo de gritar: "Ei, Zico, me dá um autógrafo?". Ele se deteve, virou em minha direção e respondeu com um sorriso no rosto: "Claro! Você tem um papel?".

Meu mundo quase ruiu. Eu não tinha nada. Nem papel nem caneta. Gaguejei, enquanto tateava os bolsos e olhava para todos os lados em busca de uma salvação. Atônito, vi o próprio Zico se dirigir a um repórter: "Me empresta sua caneta e me consegue um papel".

Solícito, o jornalista cedeu sua Bic ao ídolo enquanto alguém aparecia com um papel em branco que era o verso de uma carteira de cigarros. Ali, Zico firmou o meu autógrafo tão sonhado.

Não era um comercial de Coca-Cola. Não era o Maracanã. Muito menos ganhei a camisa 10 suada da Seleção Brasileira. Mas posso dizer que realizei meu sonho e que guardo até hoje essa assinatura como um troféu.

A partir daí, mais do que um grande jogador de futebol, passei a admirar Arthur Antunes Coimbra como ser humano. Um pequeno gesto pra ele, mas que fez a diferença na minha vida. Digo isso, porque o *bullying* diminuiu consideravelmente quando cheguei à classe com o autógrafo.

O Rei e eu

Marco Santos – jornalista e ator

Eu hoje, igual a todo brasileiro
Vou passar o dia inteiro
entre faixas e bandeiras coloridas...

O radinho estava sintonizado na Jornada Esportiva, que começava com essa canção gravada pelos Golden Boys. Lá ia o rapaz, de banho tomado, envergando a camisa em listras rubro-negras já surrada pelo uso, bermuda, tênis e o dinheirinho contado no bolso. Era sempre o primeiro a chegar ao ponto de encontro: em frente ao campinho, onde aprendeu a dar seus chutes. "Chegou todo mundo? Então vamos embora que eu quero ver a preliminar!" A impaciência típica dos jovens o corroía por dentro. Finalmente a caravana saiu. Todos no ônibus; em seguida, todos no trem. Próxima parada: Estação Derby Club, junto a uma das costelas do Maracanã.

Nas bilheterias da geral, a confusão de sempre, aperta daqui e dali, uma luta até conseguir enfiar os caraminguás contados pelo buraco na parede, recebendo o tíquete precioso. Com a abertura dos portões, a corrida até o lugar preferido: a mureta separando a geral do Maracanã do fosso abaixo das cadeiras azuis. Todos instalados, olhos atentos voltados ora para o campo, ora para o bailado colorido das bandeiras na torcida. Aqueles adolescentes estavam ali para ver o Flamengo jogar.

Doces lembranças, antigas ternuras... No dia 14 de março de 1971, era a terceira vez que eu cumpria aquele mesmo ritual. Seria mais um jogo entre tantos que eu veria na vida ali, naquele estádio. Eu nem imaginava que algo alteraria a minha vida de torcedor a partir daquela tarde de sol, torrando a gente feito um maçarico.

Começou a preliminar. Os juvenis (era assim que chamavam os atuais juniores) de Flamengo e Botafogo estavam em campo. Ainda no primeiro tempo, gol do alvinegro. Mau sinal. Raios... Raios duplos... Raios triplos! Ao longo da década de 1960, quando o Flamengo jogava contra o time da estrela solitária, era um sofrimento. Mas o jogo dos garotos prosseguia. Bola na área, pênalti contra o Botafogo! A torcida, já em bom número

no estádio, vibrou. Eu olho pro campo e vejo um menino de cabelos castanho-claros botar a bola debaixo do braço e caminhar para a marca de cal. Ajeitou o "caroço" com carinho, tomou distância... De súbito, começa a correr um zum-zum-zum perto de mim: "É o irmão do Edu... O irmão do Edu do América...".

E o "irmão do Edu" correu, chutou, bola num canto e goleiro no outro. É gol! Gol de Zico! Foi o primeiro dele que eu vi. Justamente o seu primeiro gol no Maracanã, o primeiro de centenas de outros, até virar o maior artilheiro do Estádio Mário Filho. A partir do gol, durante o jogo, comecei a prestar atenção no garoto. Percebi que ele tinha um toque refinado, uma elegância diferente ao tocar na bola, ao correr com ela. "Esse garoto é bom...", disse aos amigos. O jogo dos juniores terminou em 1 x 1. Já o placar do jogo principal, também um Flamengo x Botafogo, foi uma tristeza: 2 x 0 para o alvinegro, gols de Jairzinho e Paulo César. Não era à toa que nós, garotos rubro-negros daquela geração, espumávamos de ódio pelo Botafogo. Esperávamos por um "messias" para nos redimir, para devolver as humilhações ao time da estrela solitária. Ah, ele haveria de vir! Estávamos à espera!

No retorno para casa, o abatimento pela derrota, a bronca com o técnico Yustrich, por ter afastado alguns de nossos jogadores que víamos no rival, como Brito e Paulo Henrique. Fora o Doval, o "Diabo Louro argentino adorado pela torcida, também afastado pelo 'Homão'".

Horas mais tarde, de volta ao nosso ponto de partida, na beira do campinho de terra batida, tínhamos assunto para comentar na nossa "resenha" depois do jogo, junto com os que não haviam ido conosco. Ali, repassávamos cada lance enquanto os vagalumes pisca-piscavam no vazio aromático do perfume das glicínias na chegada da noite. Lembro-me de ter comentado que "o irmão do Edu" prometia. Se ele jogasse o tanto de futebol do irmão, craque do América, talvez, quem sabe...

Era um forte desejo com um toque de premonição. Ainda em 1971, eu veria o Zico no time titular do Flamengo, fazendo dupla de ataque com Samarone, no Campeonato Brasileiro. Dava gosto de vê-lo em campo, embora fosse bastante franzino. Era um diamante precisando de lapidação. Três anos depois, Zico já era presente nos corações e mentes dos rubro-negros. Especialmente daquele garoto que fui, que gritava "gol do Zico!" toda vez que marcava, naquele mesmo campinho, gerando comentários maldosos: "Esse aí está mais para 'Zinco'...".

Já estive perto do Zico por quatro vezes. E em nenhuma tive coragem de contar essas histórias para o Galinho... A história de um garoto, como tantos, que ia para o Maracanã entre faixas e bandeiras coloridas, ou mesmo que ficava em casa, de ouvido no rádio à espera de gritar: "Gol! Gol do Flamengo! Gol de Zico!".

Hoje já não tem mais o campinho, o Maraca não é mais o mesmo e os garotos daquelas tardes de futebol cresceram e viraram senhores com neve nos ralos cabelos. Mas na arquibancada da memória sempre passará um videoteipe com todos os melhores momentos que o eterno camisa 10 da Gávea me proporcionou desde aquele primeiro gol e por boa parte da minha vida. Minha vida com um Rei. Obrigado por tudo, Galo. "Ei, ei, ei... o Zico é o nosso Rei!"

Uma ajuda na catástrofe

*Marilene Dabus – jornalista e primeira mulher
a fazer jornalismo esportivo no Brasil*

Tive o prazer e o privilégio de participar da era Zico em sua totalidade e plenitude. Acompanhei sua trajetória no Flamengo desde o juvenil até a sua ida para a Udinese, o que causou grande tristeza e tumulto no clube.

Fiz com ele a primeira grande entrevista em 1971, já o colocando em destaque na mídia aos 18 anos, como podem constatar na matéria do *Jornal dos Sports*. E participei, infelizmente, ativamente de sua despedida em 1983, quando era Vice-Presidente de Comunicação na gestão do Dunshee.

Zico me presenteou com sua última camisa (ou uma das últimas). Quando o Babão levou a camisa assinada à presidência, toda a mídia lá se encontrava, pois havia sido recém-anunciada sua transferência para a Itália. O presidente, que dava uma coletiva, chorou na camisa, o que foi considerado pela mídia e pelos torcedores um ato debochado. Foi um "Deus nos acuda" a tal ponto que decidi doar a camisa para os flagelados de uma catástrofe, uma grande inundação em Minas Gerais, para ser leiloada...

Zico foi a grande alegria deste Brasil durante os anos em que manteve o Flamengo no ápice de sua glória. Os torcedores se sentiam vitoriosos esquecendo as penúrias de suas vidas sofridas. Ele deixou uma saudade sem precedente nos nossos dias de domingo, que ficaram mais tristes e vazios.

Colecionadora de autógrafos

Martha Esteves – subeditora do jornal O Dia

Foi aquele gênio louro, ainda magro, que me fez cair de amores pelo futebol. No fim dos anos 1970, na arquibancada do Maracanã, era Zico e mais 10. A paixão pelo Flamengo se misturava à idolatria pelo camisa 10 da Gávea.

Depois do futebol, meu esporte preferido era colecionar autógrafos do único ídolo da vida. Um dia fui pega: ele me reconheceu! Então, quis saber por que lhe pedia tantos rabiscos. Tremi de emoção: Zico falou comigo. Nem lembro a resposta que lhe dei, mas jamais esqueci aquele dia.

Quase oito anos depois, já formada e repórter da revista *Placar*, a paixão pelo ídolo adormeceu e virou admiração profissional. Como aquele namorado de adolescência que a gente traz na lembrança com carinho. Um dia lhe contei a história de fã doida que colecionava autógrafos e ele achou graça. Para minha alegria, nos tornamos fraternos amigos. Abriu a porta de sua casa algumas vezes para entrevistas. Vi seus filhos crescerem. Hoje, vejo seus netos. Ele cuidava de mim na Gávea quando estava grávida de meu filho mais velho, hoje com 25 anos. Já muito inchada, ficava sentada numa cadeira enquanto ele ia até mim e ainda convocava outros jogadores a meu pedido.

Quando precisava entrar nos vestiários, muito tempo antes de as entrevistas coletivas serem feitas em salas apropriadas, eu, uma das únicas mulheres a entrar no recinto masculino, era cercada de cuidados pelo Galinho. Gentil, ele fazia a revista na "tropa" para saber se todos estavam vestidos e avisava: "a Martinha está entrando". Nunca houve um jogador (e homem) como Zico. Se não concordasse com alguma coisa, cobrava com educação. E quando precisávamos falar com o craque, era simples: bastava um único telefonema ou, com a chegada da internet, um e-mail. Na Turquia ou no Japão, sempre foi possível entrevistar ou bater papo com Zico. Dá pra imaginar hoje um astro-moicano-famoso-milionário-tatuado qualquer, jogando em um time qualquer, agir dessa maneira?

Vou lembrar seu último jogo, em dezembro de 1989, no Estádio Municipal de Juiz de Fora. Fui destacada pela chefia da *Placar* para colar no Galo. Meu estômago revirava de tanto nervoso. Acordei triste naquele dia, sabia que nunca mais iria vê-lo com a lendária camisa 10. Entrei com ele no estádio, fiquei alguns momentos no vestiário antes do jogo; enfim, marquei o craque em cima bem melhor do que a defesa do Fluminense, que levou a inesquecível goleada de 5 x 0. Uma das matérias mais marcantes da minha carreira.

Por isso, na despedida oficial, no dia 6 de fevereiro de 1990, no Maracanã, voltei para a arquibancada e me juntei aos mais de 95 mil rubro-negros. Queria apenas sentir aquele momento lindo, triste e inesquecível. Claro que chorei. E quem não?

Onde Zico estiver, estarei com ele. Vida longa ao Rei Arthur!

121

Zico. Basta!

Mauro Beting – jornalista

Zico, em nome do futebol, eu gostaria de te dar 40 anos a menos de idade. Porque sei que você faria na vida tudo de novo. Só não digo que faria ainda melhor porque não há como superar o maior artilheiro do Maracanã. O maior ídolo, craque e goleador do clube mais popular do país mais popular do futebol no planeta.

Mundo que foi todo seu em 1981 com o melhor time brasileiro que vi em 40 anos de estádios e estúdios. Como deveria ter sido, em 1982. Como poderia ter sido em 1986, não fosse um joelho doído que você venceu. Como poderia ainda assim ter sido, não fosse um chute errado seu num jogo doido.

Erro que só te deixa ainda maior. Porque nenhum outro gênio do esporte teve de se construir como atleta como você. Pouco craque superou tantos problemas para ser o que você é. Um Zico de craque. Um Zico de pessoa.

Arthur poderia se achar. Mas ele não se perde. Só soube ganhar respeito e admiração como soube vencer estaduais, nacionais, libertadores e mundial. Não ganhou a Copa, mas conquistou o mundo e a história. Ganhou corações como a Hungria de Puskás, a Holanda de Cruyff, o Brasil de Zico.

Mas Zico é do Flamengo. É o Galinho de Quintino. É o Rei do Maracanã.

Cidadão que sempre apareceu vestido de rubro-negro em todas as tantas conquistas de 1971 a 1989. Todos os companheiros estavam sem camisa ou com a do rival vencido nas festas campeãs. Menos quem fez mais. Menos Zico. Sempre vestido inteiro de Flamengo.

"Por respeito ao clube", foi o que me disse meu companheiro de "Zico na Área", no Esporte Interativo, quando perguntei o motivo de também nas imagens ser o mais rubro-negro de todos.

Respeito que nem sempre o Flamengo deu a quem mais deu ao Flamengo.

O Galinho dos 826 gols. Mais de 50 títulos como jogador e treinador. O menino que ganhou tudo ao ganhar corpo na adolescência num trabalho exemplar do clube. Num esforço comovente dele.

Virou mito, mas não máquina. Nasceu com a alma e o caráter herdados da mãe Matilde e do pai "lusitano", não "português". Seu Antunes era Flamengo até morrer. Fez Flamengo a família. Mesmo quando o filho Antunes jogou pelo Fluminense, mesmo quando Edu brilhou pelo América.

Todos foram Flamengo. Ainda mais a partir de 1971, quando o Maracanã virou puxadinho do lar de Quintino. Palco onde foi dez e Flamengo até 1983. Udine até 1985. Maracanã até 1989. Japão de 1991 a 1994.

O melhor do gênio, do mito, do ídolo e do amigo não é o muito que jogou. É o pouco que exige de admiração. Até as areias do Rio pedem autógrafo a ele. E ele não se porta como Rei Arthur. Ele não é estrela de brilho próprio. É sol que ilumina o Rio e o Flamengo.

Jogou muito e fez seus times jogarem muito mais. Por que se cobrava e exigia. Comum com todos, foi incomum como raros. Nunca em 22 anos como jornalista esportivo tive parceiro tão humilde para querer aprender e melhorar. E ele é Zico.

Sempre buscou o máximo. O mínimo que encontrou foi amor incondicional. No país do E.T. Pelé, Zico não é o maior. Mas, na Nação Rubro-Negra, todos são Zico.

Um cara tão bom que parece lenda. E é!

Natal o ano inteiro

Mauro Cezar Pereira – jornalista da ESPN Brasil

Zico já foi odiado. Odiado pelos torcedores rivais do Flamengo, que por anos e anos sofreram com seus gols e tantas vezes o viram festejar vitórias e títulos. Quando parou de jogar, Zico deixou de ser odiado pela maioria de suas ex-vítimas. Não havia mais razão para esse sentimento, afinal o Galinho sempre foi o ídolo que todos gostariam de ter.

Tanto tempo depois, chegando aos 60 anos de vida, Zico é admirado, respeitado. Isso por quem não é Flamengo, porque os rubro-negros o amam. Não por acaso o jornalista Ricardo Gonzalez disse certa vez que o dia 3 de março é o Natal de todo flamenguista, pois nessa data "nasceu o Salvador".

Zico se transformou no maior ídolo de um clube com tantos ídolos, colecionando com a camisa vermelha e preta todos os títulos possíveis em seu tempo. Série de triunfos que parecia interminável em dado momento, como em 1982, quando o Flamengo era o campeão carioca, da Taça Guanabara, brasileiro, da Libertadores e do Mundial.

Uma sequência de vitórias que começou na final do Estadual de 1974. Foi o primeiro campeonato ganho por Zico como titular, camisa 10, protagonista. No instante final do empate sem gols com o Vasco diante de 174 mil pessoas, a bola estava aos seus pés quando o árbitro encerrou o cotejo. O craque, então com 21 anos, ergueu a pelota com as duas mãos, com se ensaiasse o levantamento do troféu. Primeiro de tantos naqueles tempos em que, para o rubro-negro, o Natal durava o ano inteiro.

Zico, Zico...

Moraci Sant'Anna – assessoria Master Sports

Desde que conheci Zico, nos primeiros trabalhos na Seleção Brasileira, quando ele ainda era jogador, passei a admirá-lo, pelo que ele demonstrava ser, como atleta e como pessoa. Falar bem do Zico é cair em redundância; ele é uma pessoa muito querida e um profissional acima de qualquer suspeita.

Não tenho dúvidas de que seu aniversário será comemorado com muita alegria e com muito orgulho por ele. Que Deus o abençoe nesta data e sempre, pois tenho certeza de que ele vai continuar sendo a pessoa maravilhosa que sempre foi. Parabéns, Zico, não só pela data, mas por tudo o que você fez, por tudo que representa e representou. Tenho muito orgulho de ter participado de sua história.

Por causa do Zico!

*Nalbert – ex-jogador de vôlei,
campeão mundial em 2002*

Na minha vida, o Zico é muito mais do que um grande jogador de futebol que admiro ou um ídolo do time do coração. Ele é verdadeiramente uma inspiração, uma referência que, de certo modo, definiu quem sou hoje.

Descobri aos 6 anos de idade o amor por um clube, por causa do Zico!

Descobri o AMOR pelo esporte, por causa do Zico!

Descobri que mesmo grandes ídolos passam por problemas e são seres humanos, por causa do Zico!

Descobri uma força incrível para superar obstáculos e ultrapassar limites, por causa do Zico!

Descobri que mesmo o grande craque e gênio tem que dar exemplos e deve conduzir os companheiros à vitória, por causa do Zico!

Zico, pra mim, é sinônimo de excelência em alguma atividade, exemplo de conduta, a certeza de que mesmo os gênios podem ser grandes exemplos e seres humanos admiráveis.

Como todos sabem, meu esporte é outro, mas os exemplos que esse "cracaço", em todos os sentidos, me deu ao longo da vida ficaram marcados em mim e definiram minha personalidade.

Hoje, me orgulho demais de conhecê-lo pessoalmente e confirmar tudo aquilo que sempre achei; o Zico é único e uma enorme inspiração para mim e pra minha família!

Obrigado por tudo, Galo. Que esses 60 anos se multipliquem, porque quero muito poder contar aos meus filhos e netos quem é você e tudo o que representou na minha vida!

Quatro letras

Nando Gross – jornalista e comentarista esportivo da RBS

Nasci em 1962, tinha 8 anos quando Pelé conquistou o tricampeonato em 1970. Assisti à copa pela TV junto com meu avô, torcedor ferrenho do Fluminense. Vi Pelé duas vezes no estádio. Eu era muito criança e torci feito um louco.

Já adolescente e moleque de rua, jogando bola sempre que podia, olhava e ouvia futebol compulsivamente; não há outro jogador brasileiro maior no meu imaginário do que Zico. Cada drible numa pelada e eu logo imitava uma narração: "bola com Zico...". Eu e muitos da minha geração fazíamos isso.

Zico na música seria capaz de executar uma partitura de Mozart ou um improviso mirabolante de Charlie Parker, porque sempre dominou a técnica como todo gênio e a usava com objetividade, em busca do gol. Assinou uma forma de bater na bola. Foi perfeito no estilo de cabecear, na assistência, no drible vertical e no gol.

Zico: quatro letras, como Pelé.

Meu pai sabe das coisas...

Neymar Jr. – jogador de futebol

Admiro muito o Zico pela história que ele construiu no futebol brasileiro. Infelizmente, não o vi jogar ao vivo, só em vídeo, mas tive o prazer de conhecê-lo. Meu pai, que sabe das coisas, me conta que ele era um craque. Gosto de vê-lo batendo falta.

Com certeza ele é um grande ídolo dos brasileiros, pelo que fez e pelo respeito que conseguiu fora do país.

O futebol agradece

Nunes – ex-jogador de futebol e campeão mundial pelo Flamengo

Falar do Arthur Antunes Coimbra é fácil. Convivemos décadas juntos, da base ao profissional. Formamos um time maravilhoso, com a consciência de que ele era um dos maiores jogadores de todos os tempos e o maior da história do Flamengo. Nós juntos conseguimos vários campeonatos pelo Flamengo, o Mundial e torneios internacionais. No vestiário, ele era uma pessoa descontraída, sempre alegre, que nunca deixava de ajudar os companheiros, um cara nota 10!!

Sempre que podemos, estamos juntos. Em tardes de autógrafos, torneios com o time Master, jogos com o time campeão do mundo, não perdemos contato. Muito bom ver que ele conseguiu seus objetivos de vida, sua felicidade ainda é exemplo pra todos nós.

O esporte agradece pela oportunidade de ter um ídolo como nosso Galinho!

Craque no futebol de botão também!

Odinei Ribeiro – jornalista e narrador do SporTV

Meu primeiro encontro com o craque Zico foi ainda no futebol de botão. Ele era o camisa 10 do Flamengo pelos gramados brasileiros e também no meu estrelão empenado!

A geração dos anos 1980 foi fundamental para eu me apaixonar pelo futebol e pela narração esportiva. Quantos gols de Zico eu ouvi pelo meu radinho de pilha; depois, ia para o meu estádio imaginário imitar meus ídolos da narração e reviver o gol do Galinho no botão!

Os anos se passaram, Zico se transformou em um dos maiores jogadores da história, ganhou títulos, bateu recordes e eu de longe batendo palmas e imaginando um dia narrar um gol do Zico em alguma emissora de rádio. Um sonho frustrado, pois, quando o 10 parou de jogar, eu ainda narrava apenas no "estádio" do meu quarto!

O tempo passou e virei narrador de verdade. Primeiro no rádio e depois na TV. E papai do céu foi muito bom comigo, pois, apesar de não narrar um gol do Zico, realizei outro sonho de infância e tive o meu segundo encontro com Zico, só que agora não era na imaginação! Vi sim, bem de pertinho, meu ídolo de infância e pude narrar pelo SporTV os dois últimos jogos do gênio que agora também era craque da solidariedade, no jogo das estrelas no Morumbi.

Com orgulho gigantesco, agora posso contar para os meus filhos que narrei, na imaginação e na vida real, um jogo de um dos meus ídolos de infância e da vida toda! Obrigado, Galinho!

O melhor Fenerbahçe que eu vi jogar

Onur Karaçivi – torcedor do Fenerbahçe

Sr. Arthur Antunes Coimbra, obrigado por tudo. Só tenho que agradecer por ter visto o melhor time de futebol do Fenerbahçe de todos os tempos. Isso com sua contribuição. Vida longa e saúde para você sempre.

O caráter de Zico

Özdal Doğru – torcedor do Fenerbahçe

Querido Arthur Zico, você sempre estará no nosso coração. Não por causa da sua passagem positiva em nosso time, mas também pelo legado do seu caráter, que temos como exemplo. Nosso desejo é de muita saúde e alegrias para você sempre.

Ídolo no Brasil, ídolo na Itália

*Oscar Schmidt – ex-jogador de basquete,
campeão Pan-Americano em 1987*

Zico é meu ídolo por tudo o que ele é como pessoa e como jogador de futebol.

Falar de Seleção Brasileira e de Flamengo, time em que ele conquistou todos os brasileiros, é muito fácil. Não me esqueço de quando eu jogava na Itália e o Zico foi jogar na Udinese.

Começara o Campeonato Italiano e logo nos quatro primeiros jogos, Zico fez quatro gols de falta. Era para dar risada do quanto ele fazia de bobo os goleiros italianos. Que orgulho por ter a oportunidade de vê-lo jogar e se tornar ídolo na Itália! Jogou em um time menor e fez dele maior, simplesmente por estar em campo.

Zico é gênio, é ídolo, é um grande homem.

Parabéns, garotinho!

Osmar Santos – narrador e criador da Gorduchinha

O Zico é uma figura fantástica e marcante para a história do nosso futebol. Carisma, humildade e talento dentro das quatro linhas dão saudades a qualquer um que gosta do futebol-arte. Talento e alegria de vida continuam com ele até hoje, e fazem do Galinho um grande exemplo do significado de um ídolo. O Zico não é ídolo apenas da Nação Rubro-Negra (como se isso fosse pouca coisa), mas também no mundo inteiro, e merece todas as honras.

Parabéns, garotinho, muitos anos de vida e muito obrigado por ter tratado a Gorduchinha com tanto carinho. Você é animal!

Arquivo pessoal

Que saudade!

"Magic" Paula – ex-jogadora de basquete, campeã Mundial em 1994

Ah, que saudade daquele estilo de jogo, do corpo em harmonioso movimento com o tempo e com o espaço, como dizia o poeta Armando Nogueira.

Da sabedoria de ter a bola sempre protegida junto ao corpo e a cabeça sempre erguida para enxergar o gol e os companheiros, além dos dribles desconcertantes para fugir da marcação dura dos adversários.

Enquanto atleta, sempre foi uma referência para mim e eu tinha certeza de que, ao deixar os gramados, continuaria nos brindando com seu exemplo de garra, caráter e sabedoria.

Que os anos passem lentamente, para que possamos compartilhar muito ainda da sua luz.

Que sorte eu tive!

Paulinho Criciúma – ex-jogador de futebol

Parabéns pra mim! Conversei, escutei, assisti, joguei contra, admirei e admiro, apreciei!

Admirava distante, curioso...

Perguntava-me: que privilégio para eu jogar contra um monstro, será que mereço tanto? Zico fazia o que centenas faziam, jogava futebol... Sim, mas ele fazia o que poucos conseguiram: jogar futebol com inteligência antecipada!

Ele brincava de criar e encurtar caminhos que para os mortais e comuns era impossível.

Fazia muito, fez tanto, se tornou Galinho, ídolo, lenda!

Quando me encontrei no mesmo gramado e a bola era redonda para ambos, assisti com admiração ao assombro de reflexos que desconectavam marcadores. Como olhos de águia, parecia olhar de cima, enxergava o que ninguém via, desenhava com seus passes mágicos a trajetória perfeita para os companheiros concluírem facilmente o toque final.

Por ser "um diferente", fazia dos momentos de interrogações em espaços minúsculos o difícil tornar-se fácil, com habilidade, movimentos primários e quase lógicos, que para os demais só restava admirar e aplaudir!

Muitos se consideravam craques, porém, diante dele, nós sentávamos em nossa consciência sabendo que éramos apenas "mais um"! Ele olhava e decidia em centímetros, onde tantos só enxergavam metros... Zico maltratava espaços quando muitos se procuravam em campo!

Zico intuía antes de tudo, com a precisão divina!

Ele brincava com o raciocínio funcional e lúdico; era fácil entender este Zico anormal... Sempre polido, sabia humilhar defesas invadindo os terrenos blindados dos adversários, descaracterizando sistemas táticos opostos.

Tinha no inconsciente de seus domínios a autoridade de um Rei, Rei Arthur!

Batia na bola com a facilidade natural da criança que brinca na rua, cobrava faltas com a maestria de quem possuía códigos próprios, quase irreais! Fluía, desfilando pelo gramado a elegância de um maestro. Fazia dos adversários escravos do tempo e provocava reações mal calculadas.

Singular, era rede e gol!

Zico desfilou seu talento pelo mundo, oferecendo presentes indigestos, gols, muitos gols! Do inigualável e antológico Maracanã fez seu palco e sua casa, e ninguém até hoje marcou tantos gols ali: 333. Muitos atacantes não fizeram ao longo de toda uma carreira tantos gols.

Era mortal, era fatal!

Tive o privilégio de apenas uma vez jogar ao seu lado, era o ano de 1992, do outro lado do mundo, seleção dos jogadores Estrangeiros x Seleção Japonesa. Ganhamos de 4 x 1, Zico fez 3 gols e um deles com passe meu, inesquecível pra mim!

Entre tantos momentos bonitos vividos ao longo da minha carreira, esse com certeza foi um deles.

Felicidades, Arthur Antunes Coimbra! Agradeço por sermos coexistentes e também por ter me feito espectador, proporcionando aos meus olhos lances tão brilhantes do verdadeiro futebol-arte. Muita luz, saúde e paz.

Zico e sua ajuda às vítimas paranaenses

Paulo Rink – ex-jogador do Atlético Paranaense

Conheci o Zico há anos. Sempre falei abertamente de como sou fã desse atleta que tanto honrou o futebol nacional, mas não sei se em algum momento falei de como sou fã também da pessoa dele.

Lembro perfeitamente quando estivemos juntos organizando o Jogo da Solidariedade, feito em prol das vítimas dos desastres naturais no litoral paranaense e no Japão. Ele, mais que prontamente, sempre se coloca à disposição quando o assunto é ajudar ao próximo. Zico entrou em campo com a camisa vermelha; eu, com a preta. Mas aquilo já não importava, éramos praticamente do mesmo time e estávamos ali com o mesmo ideal. Com certeza, a parceria dele no projeto nos ajudou a angariar uma fatia das centenas de milhares de reais que conseguimos para os desabrigados.

Na verdade, lembranças sobre o Zico eu tenho várias – tanto do "Zico fenomenal atleta" como do "Zico fantástica pessoa". Mas daí precisaria não de uma página, mas de um livro inteiro só para colocá-las.

O mais sincero depoimento que posso dar sobre Zico

Paulo Roberto Falcão – técnico e ex-jogador de futebol

Zico também não fazia firula. Era o cara da jogada inesperada, batia bem na bola, cabeceava bem demais, embora não fosse alto. Tinha facilidade para o drible curto e enxergava muito o jogo. Pifava o centroavante a toda hora. Boa gente, humilde, um cara extraordinário. Todos o adoravam, porque era um cara de grupo, muito positivo, ajudava sempre. Treinava muito, puxava a fila, participava das rodas de samba. Era um jogador extraordinário com a humildade de um jogador comum. Queria muito ganhar aquela Copa, como eu. Todos queriam, mas nós dois tínhamos alguns motivos a mais. Zico foi em 1978, e voltou sem ser o Zico que todos esperavam. Eu fiquei fora. Então, víamos 1982 como a nossa chance. É um dos companheiros de quem mais fiquei próximo. Quando ele foi para a Itália, jantamos juntos em Roma e eu indiquei o médico para operá-lo. Sempre tive uma relação fantástica com Zico.

Apesar de rubro-negro, brasileiro!

Paulo Stein – jornalista e locutor esportivo

Zico foi uma grande frustração na minha vida! Eu queria tê-lo visto jogando no meu Fluminense. Mas, apesar desse oposto, está guardado na biblioteca das melhores recordações da minha vida, com destaque e muito carinho por tudo o que ele foi como jogador e é como pessoa.

Eu o conheci ainda nos juniores do Flamengo, início dos anos 1970, integrando um grupo que em 1981 seria campeão mundial de clubes. Eu era repórter da sucursal Rio de O *Estado de S. Paulo* e repórter e comentarista da Rádio Tupi Rio. Por muitas vezes nas tardes fantásticas dos clássicos de domingo, quando o público chegava quase sempre aos 150 mil no saudoso Maracanã, comentei suas atuações nas partidas preliminares, onde sempre se destacava.

Sua ascensão para os profissionais foi rápida e já em 1971 pude entrevistá-lo várias vezes. A rotina de nossos trabalhos nos tornou próximos e construiu, sobretudo, uma amizade respeitosa, ele como jogador e eu como jornalista.

Quando Zico deixou o Flamengo em 1983 e foi para a Udinese, vendido pela extraordinária soma da época de quatro milhões de dólares, eu senti um vazio por ficar privado de vê-lo mostrar em campo o seu talento, mas aliviado como tricolor por sabê-lo distante. Foi estranho.

Dois anos depois, em junho de 1985, fui chamado para uma reunião na Rede Manchete, onde eu era diretor de esportes e desempenhava o trabalho de locutor e apresentador. Na sala do comercial, encontrei o Rogerinho Steinberg, ele estava finalizando os detalhes para que o Projeto Zico fosse mostrado na emissora.

Era uma história fantástica em que um grupo de crianças trazia o Zico de volta para o Flamengo e eu seria o apresentador. Foi um impacto pra mim ser escolhido o arauto das boas-novas para o Flamengo, para o futebol brasileiro e para as tardes de domingo do Maracanã, embora meu coração tricolor não tivesse ficado nada satisfeito. Além de comandar o programa especial com as crianças que interpretaram os personagens Bochecha, Cebola, Gênio, G18, Limão e Pulga, também narrei o jogo comemorativo do Projeto entre Flamengo e um combinado de craques chamado Amigos do Zico, que teve Falcão, Cerezo, Rummenigge e Maradona, entre outros. Flamengo 3 x 1.

Apesar de nossas diferentes paixões, tenho um carinho imenso pelo Zico, que nunca deixou de responder às minhas perguntas e sempre atendeu aos meus convites para participar dos programas de debate que dirigi. Um grande cara, um exemplo de pai de família, gente, um grande brasileiro!

Zico para todos

Paulo Vitor – comentarista esportivo e ex-goleiro do Fluminense

Falar do Zico é difícil, pois fica até repetitivo. Todo mundo fala a mesma coisa dele. Um parceiro, amigo, pessoa fora de série, excelente profissional, família, pessoa que preza os valores. Apesar de termos jogado em clubes diferentes, tive o prazer de estar com ele na seleção. O que resumo do Zico é o seguinte: se formarmos 30 seleções no mundo, em cada uma delas deve haver um Zico. Para abrilhantar o time, para ter a certeza de um comandante digno e de haver show em campo. Difícil resumir o Zico! Só tenho que parabenizá-lo por todos os feitos.

Humildade de um grande

Pepita Rodriguez – jornalista

Todos têm um ídolo. Eu tenho o meu.
Pra mim foi e sempre será o maior jogador de todos os tempos. É também um exemplo, como filho, marido, pai, avô e amigo.
Digo isso porque tenho o privilégio de ser sua amiga e a honra de conviver com toda a sua família e assistir de perto a sua trajetória.

Como jogador, sempre que terminava um jogo, corria pra ele e dizia: "Que gol lindo que você fez, campeão!". E ele respondia: "Ah, Pepa! Você não viu que bola redonda que eu recebi...". Foi aí que eu conheci e passei a observar o que era uma bola redonda e uma quadrada.

Sempre era assim, de uma humildade que só os grandes têm. Que prazer eu tinha de estar sempre no Maracanã, vendo meu Flamengo jogar, comandado por ele.

Também na Itália, Udine, fez sua história. Lembro-me quando houve o confronto entre Roma do Falcão x Udinese. Foi uma loucura. A Itália parou para ver o Falcão, Rei de Roma, contra nosso Zico. Foi assim, não era um clube contra o outro, e sim um confronto entre os dois.

Uns três dias antes, liguei para falar com meus amigos, Sandra e as crianças Júnior, Bruno e Thiago, meus amores, e com ele, para desejar sorte, como fazia sempre. Quando desliguei, falei com o Dola, Dolabella, meu marido e pai de meus filhos, que tinha achado a voz dele meio preocupada, que precisava de nossa força e alegria para esse jogo... Dola, tão louco e apaixonado quanto eu, respondeu: "Vamos lá!". Pegamos nossos filhos, Fernando de 1 ano e meio ainda no peito, Dado com 4, e lá fomos nós pra Udine fazer surpresa para ele antes de se concentrar. Foi coisa de cinema... Somente seu empresário sabia e mandou nos buscar no aeroporto e fomos direto para entrada da concentração. Quando chegamos à porta da concentração, o ônibus deles chegou quase ao mesmo tempo.

Quando nos viu, fez uma carinha de surpresa e de alegria, e somente por isso já tinha valido a pena a viagem. Dola e eu passamos pra ele toda nossa força e alegria, em nome também de toda a torcida do Flamengo. O jogo foi fantástico. O gol do nosso Galinho não só balançou a rede, como o coração de todos os italianos... 1 x 0. Ganhei a camisa do gol. Uma honra!

Sem falar no Japão, onde é considerado um Deus; por todos os lugares em que passou deixou sua marca de grande ídolo.

Como amigo, impecável. Lembro que pedi para ver se podia fazer o piloto de um programa meu para a TV. Na época, mesmo se recuperando da operação do joelho, pegou um avião pra São Paulo. E lá estava o meu amigo pronto para me ajudar, como tenho visto ao longo da vida: ajuda a todos que dele precisam. Puxa! Teria tantas histórias lindas pra contar de uma das pessoas mais brilhantes que conheci em toda a minha vida.

Um exemplo para os jovens atletas e uma lição de vida para todos.

Inesquecível

Perihan Çekici – torcedor do Fenerbahçe

Querido Zico, tivemos muitos dias alegres com você no comando do Fenerbahçe, dias felizes em que você estava conosco. Nunca vamos nos esquecer do sorriso em seu rosto e do seu bondoso coração. Sentimos muitas saudades.

Em todo o tempo irei dizer: EU TE AMO, ZICO.

Por 120 anos...

Radamés Lattari Filho – ex-técnico de vôlei, campeão do Mundo em 1997

Zico foi, sem dúvida alguma, o melhor jogador da história do Flamengo!

Se a minha memória não estiver falha, o primeiro gol que vi do Zico foi num Flamengo x Botafogo do juvenil, em partida preliminar do mesmo clássico. O juvenil do Botafogo estava invicto havia muitos anos e o Flamengo venceu por 1 x 0. O detalhe é que a rede estava furada e o juiz demorou a confirmar o gol.

São tantos títulos, gols, vitórias e atuações marcantes que é difícil destacar o momento mais importante. Uns acham o título do Mundial; outros, o da Libertadores; alguns acham o gol contra o Santa Cruz; outros, o gol contra o Guarani. Uns consideram a vitória de 6 x 0 sobre o Botafogo e outros, a vitória contra o Atlético Mineiro; uns acham a sua atuação contra o Liverpool; outros acham a sua atuação contra o Fluminense... Enfim, cada rubro-negro irá citar um momento marcante, pois ele, com a sua genialidade, nos dá um enorme cardápio de opções.

Acho que o grande legado do Zico é demonstrar que se pode ser craque dentro e fora do campo, que se pode servir de exemplo para as futuras gerações. Ele demonstra que é craque como atleta, treinador, comentarista, pai, avô, amigo e torcedor.

Desejo que estes sejam os seus primeiros 60 anos, pois a sua imagem e o seu exemplo são muito importantes na formação de futuros atletas e cidadãos. Obrigado, Zico, e muita saúde e paz!

Zico, um artista nos gramados. Arthur, um *gentleman* fora deles

Rafael Araújo – repórter da Rádio Globo

Zico do Flamengo, Zico da Seleção Brasileira; Zico na Itália, Zico no Japão. Zico é Zico, ou simplesmente um galo com requinte, um galinho que um dia ia cantar, ou melhor, brilhar. E o Arthur Antunes Coimbra brilhou nos gramados do futebol brasileiro, na Europa e na Ásia.

Falar do Zico é falar o óbvio. Vinte e cinco anos de idade a mais do que eu; vi pouco Zico jogar, mas vi. Com a camisa amarelinha na Copa de 1986, na segunda passagem com a camisa do Flamengo e no futebol japonês no final de carreira. Falar de um único lance genial é impossível. Lembro-me, claro, de um golaço com a camisa do Kashima Antlers, um calcanhar no ar (como um beija-flor) na grande área. E ainda, forte na minha memória, na despedida do camisa 10 da Gávea, em um Fla x Flu na cidade de Juiz de Fora/MG, Zico marcou, de falta, uma obra-prima, o primeiro dos cinco gols rubro-negros nesse clássico diante do arquirrival Fluminense. O Galinho fez uma partida inesquecível. Uma atuação mágica, ao ponto de confortar a minha dor pela derrota do meu tricolor. Tamanha admiração!

Alguns anos depois, por conta de ossos do ofício, de perto, de muito perto, eu tive a honra de entrevistar o Zico em duas oportunidades. Primeiro, no *Momento Esportivo*, programa diário da Rádio Brasil. Naquela ocasião, entrevistamos o Galinho por mais de uma hora e meia. O segundo contato, também na função de repórter, dessa vez pela Rádio Globo, em 2011. Eu fiz uma única pergunta minutos antes de um combinado de final de ano entre Cariocas x Paulistas. Representando os cariocas na área técnica, Zico respondeu à minha pergunta com a simplicidade de sempre.

Zico, um artista completo nas quatro linhas; Arthur, um *gentleman* longe dos gramados. E a Seleção Brasileira que me perdoe. Não conquistar uma Copa do Mundo com Zico foi uma consequência da tal (futebol é uma...) caixinha de surpresas. Viva o Galinho!

Intocável, inalcançável, simples!

Rafael Burity – blogueiro do DNA Rubro-Negro

Fala, Galinho!

Recebi um convite muito especial para que escrevesse uma história minha com você em sua homenagem e obviamente eu não podia recusar. Claro que fiquei com uma tremenda dúvida de como começar uma carta na qual eu devia falar com ninguém menos que Zico. E decidi que, na verdade, só podia iniciar esta mensagem com um "muito obrigado", o mais sincero possível, por tudo o que você representou e representa ainda hoje para gerações de rubro-negros. Sinceramente, não sou de ficar te chamando de rei ou deus (por motivos pessoais), mas simplesmente não posso negar que você está em um patamar muito acima dos outros grandes craques que passaram no nosso Flamengo e eu tanto admiro.

Sem querer enrolar muito, vou direto ao ponto #OuNão (risos). É verdade que diante dos meus quase 30 anos não posso, infelizmente, dizer que acompanhei toda a sua trajetória ao vivo, como meu pai o fez. No entanto, sabe quando você foi tão alimentado de histórias, testemunhos sobre uma pessoa, e já viu tantos vídeos e documentários que tem a nítida impressão de que viveu tudo aquilo? Pois é, eu me sinto meio assim e acho que a maioria dos que nasceram na década 1980 sentem o mesmo. Você, Zico, é o craque unânime, aquele que até a torcida arco-íris venera e respeita.

Quando eu tinha por volta de 13 anos, estava com meu pai saindo da piscina de nossa sede na Gávea, que foi um dos locais mais presentes na minha infância, e encontrei com Nunes. Ele comentou que no final do dia haveria uma pelada entre vocês no CFZ. Precisa dizer o que aconteceu? Claro que perturbei meu pai para podermos ir lá e quem sabe tirar uma foto ou mesmo ganhar um abraço. Meu pai, como um bom rubro-negro que é, não conseguiu negar, mas, cá pra nós, acho que a vontade dele em conhecê-lo pessoalmente era até maior que a minha.

Chegando lá, vi pela primeira vez você jogando ao vivo, até porque não tinha ainda o jogo das estrelas de todo final de ano, e com certeza foi uma experiência única. No final da partida, você, como sempre, deu muita atenção aos que te cercavam e sufocavam por um abraço. Não tem ideia – ou tem, né, já que passa por isso direto – de como foi para mim aquele momento. Lembro-me direitinho de que você passou bem perto de mim e eu, meio que paralisado, fiquei por alguns segundos em dúvida de como chamá-lo ou se deveria chamar, mas no final eu consegui pronunciar seu nome, "Arthur". Você olhou para trás e, sorrindo, me chamou para mais perto. Foi simplesmente mágico. Devo confessar que me senti, por alguns segundos, como o filho do Costinha, uma verdadeira criança diante de um mito intocável e inalcançável. O mais incrível é que você faz tudo parecer tão simples.

Seu autógrafo fica sobre minha mesa de trabalho até hoje, eternizado numa pequena bandeira rubro-negra, e nossa foto pertence à minha pequena coleção de fotos com craques que eu tanto respeito.

O mais engraçado disso tudo é como a vida dá voltas. Anos depois, eu viria a encontrar você mais duas vezes, só que então como profissional. Acabei fazendo o site do Jogo das Estrelas, evento no qual compareci religiosamente por dois anos consecutivos, em 2009 e 2010. Foi uma experiência totalmente diferente, posso até dizer que foi uma realização pessoal e profissional. Muito obrigado mesmo, Zicão!

Obrigado por ter sido um atleta exemplar, por ter sido um rubro-negro dedicado e por não ter deixado que alguns péssimos flamenguistas o afastassem do clube que tanto o ama.

Saudações e vida longa a ti!

Apenas uma palavra

Raul Plassmann – campeão do mundo pelo Flamengo em 1981 e comentarista

Zico? FANTÁSTICO!!!!!!!!

Zico Futebol Clube

Ricardo Galvão – jornalista

Era 7 de junho de 1981 e, como costumava fazer aos domingos, brincava com os amigos de carrinho de madeira, na rua esburacada do bairro Paquetá, em Porto Seguro.

Vivíamos o finalzinho do regime militar, sobre o comando do então presidente Figueiredo. Os tempos já não eram tão difíceis, como em meados dos anos 1970. Nessa época, eu me lembro, mesmo com 5 ou 6 anos, de meu pai preocupado com nossa segurança toda vez que tinha que viajar para reuniões ou congressos dos gerentes do extinto Banco do

Estado da Bahia (Baneb). Porto Seguro não tinha 1/5 da metade da infraestrutura que há hoje. Só existia um supermercado e quem chegava pra fazer compras à tarde, depois da chegada do caminhão que o abastecia, ficava sem comida, e nós ficamos muitas vezes. Foi aí que conheci Eunápolis, que ainda era o maior povoado do mundo. Meus pais viajavam duas vezes por mês para fazer mercado, muitas vezes, acompanhados dos meus dois irmãos.

Como Porto Seguro só tinha oito ou nove ruas calçadas, incluindo a do prefeito, claro, a diversão era andar de bicicleta nas poças de lama, puxar carrinho de madeira e ir à praia ou ao rio. Futebol? Não... Isso era para os meninos maiores, que sabiam driblar e jogar dos dois lados do campo sem se atrapalhar pra qual trave chutar. Eu estava completamente APAIXONADO pelo vôlei. Aquele esporte que se jogava com as mãos era incrível! O vizinho da frente era o "cortador" (ponteiro hoje) e foi quem me levou para a quadra pra ver um jogo pela primeira vez.

No dia 6, eu fui ver o jogo no finalzinho da tarde, na quadra do colégio, e comecei a entender as marcações. Cheguei em casa superempolgado, falando do esporte pra meu irmão do meio, que na época tinha 7 anos e eu 10 incompletos. Meu pai viu minha empolgação e, depois do jantar, disse: "Filho, amanhã você vai ver o melhor time do mundo jogar!". Eu retruquei, disse que não ia, porque não gostava ou queria ver futebol. Achava chato, sem graça, um monte de "meninos" correndo atrás de uma bola e só um podia pegar com as mãos! Injusto! Na verdade, eu não sabia jogar futebol e sempre perdia a bola para os outros garotos ou tropeçava na redondinha. Resultado? Nunca era chamado para os "babas" – com razão –, mas para jogar vôlei, sim. O controle com as mãos era maior e eu sentia que podia! Seu Sinézio, meu pai, era um cara sério, sorria pouco, só o necessário mesmo pra ser simpático com os clientes do banco.

Ir ver uma partida de futebol era algo que jamais esperava. Mas eu acabei cedendo e, no domingo à tarde, fui fazer companhia para meu pai em frente ao aparelho de TV Telefunken – que era colorida e uma novidade para poucos na época – para ver o melhor time do mundo jogar: Flamengo. Assisti a um jogo contra o Vasco, pelo Campeonato Carioca e vi meu pai vibrar e ficar empolgadíssimo, como nunca o havia visto antes. Era incrível como ele comentava, falava mal do Vasco –

por motivos óbvios (risos) – e levantava do sofá toda vez que um certo Zico dominava a bola. Ele começou a dizer, durante a partida, que Zico era o melhor do mundo, na época. Que, depois de Pelé, era o melhor jogador do mundo! Lá pelas tantas, eu já nem prestava mais atenção ao jogo, estava chato mesmo. Daí o goleiro (não sei se era o Raul ou o Cantarelli) lançou a bola com as mãos para o zagueiro, que tocou para o número 2, que passou para o número 10 (meu pai levantou do sofá e gritou: vai!), que devolveu automaticamente para o 2 (meu pai levou as mãos à cabeça, mas manteve-se de pé), que passou a bola para o 7 e este lançou no meio para o camisa 10, que driblou o zagueiro e, de perna esquerda, meteu a bola no canto direito do goleiro!!! Meu pai enlouqueceu de tanta felicidade! Me pegou no colo e pulou comigo gritando: "É gol de Zico, de Zico, gol de Zico!!!".

Não esqueço o sorriso de meu pai naquele momento me enchendo de beijos e feliz da vida com o resultado de 1 x 0 em cima do maior rival (só soube neste dia). Foi mágico, incrivelmente mágico!

No dia seguinte, eu cheguei à escolinha querendo jogar futebol no intervalo e querendo imitar o Zico. Foi bater o sino do intervalo e eu nem lanchei. Corri pra quadra pra garantir meu lugar no jogo. Os meninos mais velhos, que dominavam o espaço, não queriam me deixar jogar, mas eu insisti e até fiz gol! Corri feito louco pela quadra e pulei levantando o braço direito, como o agora meu ídolo tinha feito na tarde anterior! Eu era o próprio ZICO. Apaixonei-me pelo MELHOR TIME DO MUNDO e, de quebra, PELO MELHOR JOGADOR DO MUNDO também! Virei flamenguista naquela segunda-feira.

Na semana seguinte, o Flamengo foi participar de um torneio da Itália e as notícias, dessa vez, chegaram por meio dos telejornais. O Flamengo venceu dois times italianos, incluindo o Napoli, com 5 gols em cada jogo! Meu pai era só sorriso e eu também. Meu aniversário de 10 anos era naquele 20 de junho e Seu Sinézio me deu de presente uma bola, com o escudo do Flamengo!!! Enfim, eu era o dono da bola do MELHOR TIME DO MUNDO!!! Vôlei?! Que esporte era esse mesmo?

Uns dois meses depois, houve a inauguração da nova praça da sede da prefeitura, com a presença do presidente Figueiredo. Tanques, helicópteros, cavalos enormes, caminhões gigantes, navios por toda a orla, e houve uma gincana com duas equipes: Flamengo e Botafogo. Claro que eu torcia pra a equipe do Flamengo. E deu certo! Vencemos a gincana! Putz, como alguém não podia ser flamenguista naquela altura?! Daí o time estava superbem no Carioca e na Libertadores. No final do ano, nos tornamos campeões Carioca (diante do Vasco), da Libertadores (em cima do Cobreloa) e do Mundo (diante do temido Liverpool)! Era a consagração! Descobri, naquele 13 de dezembro, que meu pai era um profeta. De fato, o Flamengo era o MELHOR TIME DO MUNDO!

Assim me tornei flamenguista! Assim me tornei Zico Futebol Clube!

Arthur, muito obrigado por você ter me proporcionado uma das maiores alegrias de minha vida! Muito obrigado por você fazer estampar no rosto de meu pai um sorriso enorme, que não lembro ter visto antes daquele Flamengo x Vasco. Muito obrigado por você, primeiro mediante suas jogadas e depois com sua vida HONESTA, ÍNTEGRA e RETA, servir de espelho como exemplo de vida!

Zico

Ricardo Gonzalez – editor de texto do jornal SporTV News, do SporTV

Manda o bom jornalismo que sejamos inteiramente imparciais e que não nos envolvamos com os entrevistados. Mesmo sendo torcedor do Flamengo, sempre consegui essa isenção com muita facilidade. Zico é o único personagem em que é, para mim, absolutamente impossível deixar de reservar-lhe certa reverência. É um ídolo, como o são cada um dos quatro Beatles.

Zico ficou por 17 anos no Flamengo, e eu costumava brincar dizendo que enquanto meu filho não havia completado essa idade, o Galo fora a pessoa que mais alegrias me deu na vida – e olha que a concorrência era dura, Rafael sempre foi um menino adorável. Outra brincadeira que sempre fiz foi dizer que, na minha casa, o Natal é comemorado no dia 3 de março, dia do nascimento do Deus rubro-negro.

Há pouco tempo, cansado das pancadas da vida, notadamente da partida prematura do meu filho, levado em 2010 por um câncer aos 21 anos, revia imagens de Zico nos tempos de Flamengo, entre 1978 e 1983. Apesar de minha dificuldade crônica em chorar, vieram-me algumas lágrimas vendo os gols de Zico e, com eles, uma época absolutamente feliz de minha passagem na Terra. Ao ver a cena, minha mulher brincou:

"Você não chorou no nosso casamento, mas chora vendo essa porra de Flamengo".

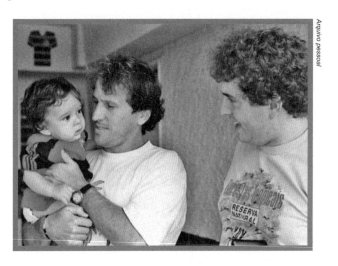

No dia 31 de maio de 1980, véspera da primeira final de Brasileiro do rubro-negro, eu, então com 15 anos, fui com meu pai ver o treino na Gávea. Fiquei, junto com outros torcedores, no portão de entrada dos jogadores, à espera de autógrafos. Pouco depois das 15 horas, chegou o carro de Zico, dirigido por Sandra, mulher dele. O Galinho vinha no banco do carona. Minhas mãos ficaram mais trêmulas do que já estavam ao ver a perna de Zico esticada e o joelho envolto em panos e esparadrapos. Peguei feliz o autógrafo de nosso Deus, mas um pensamento me martelava a mente:

— Fodeu, ele não vai jogar...

Não dormi direito naquela noite. No dia seguinte, cheguei por volta das 13 horas na arquibancada do Maracanã. E só me tranquilizei quando, em meio àquele mundo de repórteres e "aspones" que entravam junto com o time, identifiquei Zico, devidamente paramentado para a guerra.

Não consigo eleger um gol mais bonito ou um lance mais marcante protagonizado por ele naqueles bons e velhos tempos. Consigo ver o conjunto de uma obra que tornou inesquecível minha juventude, entre os 12 e os 18 anos. A morte de Rafael, o meu filho, transformou 2010 num ano do qual não consigo me lembrar sem dor. Mas tenho certeza de que, antes dele, o dia mais triste de minha vida havia sido 6 de fevereiro de 1990, dia em que Zico se despediu oficialmente do futebol brasileiro. Ali, pedi ao meu chefe para não trabalhar. Fui sozinho ao Maracanã para ver pela última vez o Zicão com aquela camisa 10. Fiquei inerte ali até que ele desceu o último degrau do túnel rumo ao vestiário...

Felizmente, aquela tristeza foi "apenas" pelo fim de uma era, pelo fim de uma parte feliz de minha vida. Felizmente, se Zico não joga mais, sabemos que está bem, saudável, firme, pertinho de nós.

Parabéns, Galo! E obrigado por todos aqueles domingos de felicidade.

Simples assim...

Ricardo Pinto – ex-goleiro do Fluminense e Atlético Paranaense

Este é um pequeno texto contando a história vivida por mim, com nosso querido Galinho de Quintino.

Jogava eu ainda no Fluminense e fomos fazer dois jogos amistosos no Japão contra o Kashima, time do Zico na época. Amistoso esse conseguido pelo fato de termos como treinador o grande zagueiro do Flu e da Seleção, Edinho Nazareth. Quando chegamos a Narita, pegamos um trem até Tóquio, onde estava o Galinho. Assim que desembarcamos, Edinho saiu e foi logo localizado por ele. Na saída do trem, Edinho falava os nomes dos jogadores do Flu que saíam e Zico cumprimentava cada um de nós pelo nome, mais uma vez demonstrando a grande humildade que carrega consigo até hoje!

Uma simples história, mas que demonstra o craque e grande homem que sempre foi...

Meu pai

Rigó Lopes – baiano de Jacobina, publicitário, pai de dois rubro-negros

Antes de ser convidado a escrever, Priscila me perguntou sobre Zico. Respondi que ele era o meu único ídolo. Depois de pensar um pouco, tenho certeza de que é mais do que isso.

Zico é a lembrança imediata da minha infância: das tentativas de dribles, das comemorações de gols e, principalmente, dos milhões de argumentos que ele nos dava para usar contra os torcedores de outros times (e sempre ganhar, é claro). Vou além: Zico é meu pai.

Calma, calma... Não sou nenhum filho bastardo. É que ao pensar nele automaticamente me lembro do meu pai, falecido em 1984. Como um flash, a memória vai para a final do Mundial de Clubes. Um momento mais do que especial. Além de ganharmos o título, naquele dia ganhei o abraço mais afetuoso e o sorriso mais significativo de toda a minha vida. E é essa lembrança que eu, um garoto de apenas 6 anos à época, passei a carregar do meu pai.

Um cara que foi morar um tempo no Rio e voltou para a Bahia trazendo uma grande paixão: o Flamengo. Um amor tão roxo que, mesmo na cidade de Jacobina, a mais de 2.000 km da Gávea, o fez ser sócio de carteirinha, contagiando toda a família. Para mim, Zico é a representação disso tudo. Das minhas primeiras alegrias e, logicamente, das primeiras tristezas. Do choro desatado ao assistir à novela da ida para a Udinese até a satisfação da volta. Da frustrada esperança de vê-lo em campo, que me fez ir a um estádio sozinho aos 11 anos, à certeza de que toda a sua grandeza ainda não foi revelada.

Acredito de verdade nisto. Tanto que, no final do ano passado, ao saber que ele retornaria do Iraque, procurei o vice-presidente do Vitória e sugeri contratá-lo como treinador no retorno à Série A. Admito que foi uma atitude interesseira, afinal, todo mundo quer ter quem gosta por perto.

E, em todo este tempo, posso afirmar que aprendi a gostar mais deste grande homem. E encho a boca para dizer: antes de ser rubro-negro, sou Zico. E continuarei sendo.

Desejo tudo de bom a você, que já nos deu tantas alegrias. E obrigado por fazer parte da minha infância e da minha vida!

Amizade além da camisa

Roberto Dinamite – presidente do Vasco

Zico é, talvez, a pessoa mais importante da minha carreira. Porque começamos juntos e caminhamos juntos até o fim de nossas carreiras. No início dos anos 1970, mais precisamente em 1971, a gente começava nossa amizade ainda no juvenil (hoje juniores). E nossos pais, que nos aguardavam no estacionamento, também foram ficando amigos. Depois dos jogos, as famílias se encontravam e todos conversavam animadamente.

Isso fortaleceu muito nossa amizade e nossa relação profissional. Aumentou também o respeito dentro de campo. Cada um era ídolo de seu time, mas as torcidas respeitavam ambos. Parece que percebiam nossa amizade verdadeira. Hoje isso não existe mais.

A maior prova de amizade que Zico poderia ter me dado foi ter disputado o meu jogo de despedida vestindo a camisa do Vasco. Dá pra imaginar o maior ídolo do Flamengo usando a camisa cruz-maltina? Só mesmo Zico, com seu coração enorme e sua personalidade firme, seria capaz de um gesto de tamanha grandeza.

Se alcancei o nível que consegui na carreira, se conquistei os títulos que consegui, devo ao Zico. Porque ele me motivava. Vendo do outro lado aquele cara talentoso, um craque que jogava com lealdade e respeito, eu queria sempre me superar em campo, fazer bonito.

Também foi uma experiência incrível e uma grande conquista ter convivido com Zico na Seleção Brasileira. Houve uma troca profissional e pessoal de muito respeito e admiração. Ele é um grande homem, foi o maior jogador que vi em ação e merece tudo de melhor na vida. Na verdade, nem sei encontrar palavras para expressar minha gratidão ao Galinho. Que ele seja muito feliz!

A figurinha mais desejada!

Rodrigo Bueno – comentarista do Fox Sports

Minha mãe tinha comprado um monte de caixas de chiclete Ping Pong para me ajudar a completar o álbum de figurinhas da Copa de 1982. As figurinhas vinham no chiclete e fiquei com pilhas delas, só que tinha muitas repetidas e a que eu mais queria não veio em nenhum chiclete.

Fui à escola e parti em busca das figurinhas que faltavam para eu completar meu álbum. Todos os meus amigos próximos colecionavam aquelas figurinhas da Copa e fiz inúmeras trocas, mas a que eu mais queria não veio em nenhuma.

Parti então para o bafo. Era bom em bater figurinhas, só que aquelas dos chicletes Ping Pong eram muito fáceis de virar, qualquer um era bom de bafo com elas. Quem ganhava no par ou ímpar e batia primeiro já rapelava todo mundo. Ganhei e perdi centenas de figurinhas no bafo, e a que eu mais queria não veio nessa gostosa brincadeira.

Meu álbum estava todo cheio, lindo, comecei a conhecer Arconada, Boniek, Maradiaga, Madjer, Platini, Rossi e mais um monte de caras estranhos, mas meu ídolo não aparecia. Será que, por ele ser naquela época o melhor do mundo, havia poucas figurinhas dele? Acho que não, pois quase todos os meus amigos o exibiam em seus álbuns. Morria de inveja.

Um dia, quando eu já estava desistindo, ouvi que um garoto da escola tinha a figurinha que eu tanto queria. Consegui encontrá-lo depois das aulas (nunca elas demoraram tanto como naquele dia, pois meu temor de o garoto se desfazer da "minha figurinha" era enorme). Eu tinha a camisa 10 dele e tinha também um jogo de botão em que ele era a grande estrela do meu Estrelão. Meu pai também o adorava, mesmo não torcendo para o Flamengo.

Quando encontrei o tal garoto, que tinha muita grana e parecia nem ligar muito para futebol, para as figurinhas e para o meu ídolo, perguntei se ele tinha mesmo o Zico.

"Tenho um, mas só troco ele por todo o seu bolo de figurinhas", disse o jovem negociador. Olhei para as centenas de figurinhas que carregava, para a minha mão cheia de calos de tanto praticar bafo (era muito criança), pensei no esforço da minha mãe para comprar tantos chicletes e... topei!

Zico foi a mais valiosa figurinha que já coloquei em um álbum. Valeu a pena!

O legado do futebol-arte

Rodrigo Martins – jornalista do portal gazetaesportiva.net

Quando recebi o convite para escrever sobre um dos maiores ídolos do futebol brasileiro, confesso que foi uma sensação única, um misto de euforia e orgulho, com apreensão, pela imensa responsabilidade de falar sobre uma figura tão ímpar na história do nosso futebol, como Zico.

O maior legado que o Galinho deixou, em minha opinião, foi o do futebol-arte. Em um mundo habitado cada vez mais por jogadores essencialmente táticos ou sem habilidade para criar espaços dentro do gramado, o que Zico fazia com a bola nos pés era pura magia.

Definir um só momento especial dele, pela sua carreira brilhante, talvez seja muito pouco. Os gols e títulos com a camisa do Flamengo, a campanha histórica pela Udinese, na Itália, ou as suas grandes exibições com a camisa da Seleção Brasileira, estão para sempre na memória dos amantes do bom futebol. Além disso, o caráter do Galinho, o eterno camisa 10 da Gávea, respeitado e admirado por colegas e adversários, é irretocável. Seu carisma, também. Segue intacto. E que assim continue, por mais 60, 100 anos.

Dar parabéns para você, Zico, é muito pouco. Na verdade, o que nos resta dizer é muito obrigado por tudo o que você fez e por ser um dos verdadeiros símbolos do nosso futebol! Toda a saúde e felicidade do mundo!

Eu também vi o Zico

Rodrigo Rodrigues – jornalista da ESPN Brasil

Quando assisti pela primeira vez ao bombado vídeo do então garoto Alexandre Guzzardi, mais conhecido como "filho do Costinha", me identifiquei de cara. Qual menino rubro-negro não tremeria na base ali no final dos anos 1970, início dos anos 1980, ao trombar com o maior ídolo da história do clube? Dei uma travada bem parecida nos idos de 1989, também na Gávea, depois de um treino do Fla.

Era meu aniversário de 14 anos, e a Rita, uma vizinha descolada lá da Tijuca, tinha conseguido um *freepass* de presente para este que vos escreve dar uma passadinha no vestiário do futebol profissional. Mineira de Itabirito, terra de Telê Santana – que na época comandava o Flamengo –,

Rita comeu pelas beiradas, levou o treinador conterrâneo na conversa e pimba, lá estava eu com o recém-comprado VHS de "Futebol pra quem começa" em mãos. Zico saiu do treino, me viu com a fita na mão e emendou: "E aí, rapaz... gostou do vídeo?".

Caramba, era o Galo me dirigindo a palavra. Balbuciei alguma coisa, mas sei que não disse lé com cré, travei mesmo, pane geral. Ele tentando puxar assunto e eu meio em transe. Tiramos uma foto, ganhei autógrafo na camisa e fui embora anestesiado. Naquela época a chapa precisava ser revelada, não tinha essa moleza de digital. O suspense permaneceu até o dia de ir ao laboratório buscar o envelope com os negativos e as fotografias impressas. Olha o passarinho e... tudo queimado! Era como se aquele dia mágico não tivesse existido, blecaute total. E agora, José?

Um mês se passou e lá fui eu de novo para o meu "dia da marmota". Rolou tudo igualzinho: eu travado na porta do vestiário, Zico passando depois do treino, pose pra fotos e segue o jogo. Ufa, dessa vez deu certo, tô olhando pro quadrinho com o *click* de 24 anos atrás enquanto batuco as mal traçadas aqui. Nesse tempo todo, graças à profissão, de tanto entrevistar o filho do Seu Antunes para os mais diversos canais de TV, acabei estreitando o laço até poder dizer: fiquei amigo do Arthur. Trocamos e-mails com frequência, falamos ao telefone às vezes e bato cartão no Jogo das Estrelas pra garantir aquele abraço de fim de ano.

E toda vez que isso acontece, volto a ter 14 anos e lembro do Alexandre. Dá vontade de cutucar alguém perto e dizer: eu também vi o Zico.

Arquivo pessoal

O homem mais importante da minha vida

Rodrigo Silva Viana – repórter, editor do SBT

Quando eu estava trabalhando na Band, aconteceu o Mundial de Beach Soccer, no Rio de Janeiro, e eu fui mandado para cobrir. E por coincidência, o Zico e o Flamengo estavam lançando uma camisa comemorativa do título mundial de 1981. Na verdade, era o Zico que estava fazendo isso, uma camisa retrô dele, igual a 1981. Então propus para minha chefia para eu fazer essa pauta já que estava no Rio e sempre fui muito fã dele.

Então foi o primeiro encontro pessoal que tive com o Zico. Eu fui, cheguei lá no CFZ, que é o clube dele, e comprei uma camisa. A hora em que eu o encontrei, desabei mesmo, comecei a chorar, chorar, chorar copiosamente. E depois pedi pra ele assinar a camisa, que eu tenho guardada – está num quadro lá na minha casa e não deixo ninguém pôr a mão. Está escrito: "Rodrigo, um abraço, com carinho, Zico". Eu fiz toda a corte, falei que era fã dele, que estava na posição de jornalista esportivo por conta dele, que ele tinha participação na minha vida sem ele saber, e que eu nunca tinha pedido um autógrafo pra ninguém (como eu realmente nunca tinha mesmo, porque não gosto de fazer isso) como eu pedi pra ele, pois queria que ele soubesse o que representou na minha vida. E ele falou: "Ah, para de bobagem, senta aí e vamos tomar uma cerveja. Você tá na minha casa e não me trate assim, por favor". Quer dizer, ele agiu como se não fosse o Zico.

No meu blog tem uma crônica que eu escrevi chamada "Como se não fosse Zico" em que me refiro a uma outra ocasião que estive com ele. Depois dessa vez, estive com ele várias vezes e acabei me tornando – não sei se ele vai chamar assim, mas eu assim me considero – até um amigo pessoal dele.

Quando eu trabalhava na TV Brasil, em 2010, ele saiu do Flamengo. Ele era diretor do Flamengo e teve aquela briga com o capitão Léo do Conselho Fiscal. Fiz uma entrevista exclusiva com Zico, em que ele fala que aceita tudo menos mexerem com a honra, com sua família. Diz que saiu do Flamengo porque falaram que os filhos dele ganhavam comissão por fora, e ele não aceitava isso, não aguentava aquele tipo de situação. Enfim, deu uma entrevista muito linda. No final, fiquei lá de novo, conversando, chorando com ele, babando ovo mesmo porque eu faço isso hoje sem problemas nenhum.

Quando ele foi dar entrevista na sede da TV Brasil pra Leda Nagle, pro programa Sem Censura, eu o encontrei no corredor e ele teve a capacidade de lembrar de mim, olhar e falar: "E aí, mestre, ficou boa aquela entrevista?". Eu falei: "Como assim, eu sou mestre? Mestre é você! Como assim você se lembra da entrevista? Você é um cara que viaja o mundo. Você é o Zico!". E ele: "Ah, para com isso...". Então, escrevi "Como se não fosse Zico", contando exatamente como ele se comporta com as pessoas; não é só comigo, ele faz isso com todo mundo, porque ele é assim: não é uma caricatura, não monta um personagem, ele é um cara muito humano.

Eu acho que isso explica um pouco a sua grandeza. Fora o futebol, que é absolutamente fora de série, o lado humano de Zico ajuda a construir o mito que ele é. Porque o Zico é um mito. Ele é um dos últimos mitos vivos. Acho que, depois do Senna, passa um pouquinho pelo Guga, e temos o Zico. Ele foi chamado pelo mundo inteiro de Pelé Branco, é quase unanimidade entre torcidas esse cara que consegue atingir tudo. Fazer o que ele fez no Japão, fazer o que ele fez na Itália, se posicionar... O Zico é também empreendedor, tem um programa de TV, lança livros, blogs, cursos de técnico... E consegue fazer esse milhão de coisas sendo o Zico... O Zico é um cara absurdo.

A passagem mais recente que eu tive com ele foi quando vi uma reportagem com seu irmão mais velho, o Nando, que foi o primeiro jogador anistiado no Brasil. Ele era professor, jogava futebol também e, na época da ditadura, usava o método Paulo Freire pra alfabetizar as crianças e foi considerado subversivo. Além de que o Zico fez de tudo, a família dele tem toda essa ligação com história política de liberdade. Eles têm uma prima que foi presidente da Comissão de Direitos Humanos. Enfim, existe sempre um viés humano em torno da história da família dele.

Durante a última vez em que estive com ele pessoalmente, em 2010, na própria TV Brasil, eu falei: "Zico, cara, acho que a gente deve fazer um filme sobre isso". Falar sobre o Zico subversivo com os dribles dentro de campo e do Zico subversivo – entenda-se subversão como uma coisa positiva – fora de campo, dessa ligação dos Antunes com a liberdade de expressão, de vida, contra a ditadura. Eu queria contar essa história num documentário. E eu falei, "Zico, acho que a gente tem de fazer isso. Eu não quero ganhar dinheiro com isso, acho que é uma história que precisa ser contada". Ele simplesmente falou: "Faz o roteiro e dá na mão do Bruno". O Bruno, filho dele, é quem organiza as coisas pra ele. É o secretário-geral ali; pra chegar no Zico, tem que passar pelo Bruno.

Mas eu, relapso, ainda não fiz isso. Estou trabalhando nesse roteiro com muita calma, com a mesma calma com que o Zico fazia os lançamentos. Ele já me autorizou a fazer, tenho isso por e-mail e ele está esperando o roteiro. Argumento pra gente começar a trabalhar em cima disso.

São essas, portanto, as recordações que tenho de Arthur Antunes Coimbra, o Galinho de Quintino, o homem mais importante da minha vida.

Um caso de amor eterno

*Roger Garcia – produtor de reportagem no SporTV
e autor do blog Ponta de Lança*

Zico é daqueles personagens que pontilham a vida de muita gente. Na minha, surgiu quando eu era garoto, e desde então não o perdi mais de vista. Com mais ou menos 5, 6 anos de idade, já o acompanhava no Flamengo. Coincidiu com o período em que o Rucinho despontava no time principal, no final de 1973, início de 1974. A influência foi imediata. Involuntariamente, tentava reproduzir nas peladas algumas de suas jogadas. Até o andar, meio gingado era parecido.

Dali para a idolatria foi um passo. À medida que eu ia crescendo, ele retribuía com gols e títulos. O compartilhamento não se dava somente na alegria. Quando o craque eventualmente padecia com suas mazelas ou insucessos, tinha alguém do lado de cá para sofrer junto. O maior elogio que recebi foi quando um vizinho me apelidou de Zico.

Vi-o tantas vezes jogar que a retina foi capaz de criar um HD externo com seus gols, dribles e lançamentos, que volta e meia vêm à memória como se o tempo não tivesse criado uma distância de uns 30 anos. O seu jogo de despedida no Maracanã, para uma plateia de 100 mil pessoas, em 6 de fevereiro de 1990, foi um dos dias mais tristes e, ao mesmo tempo, mais emocionantes da minha carreira de espectador.

O futebol passou a fazer parte também de minha vida profissional. Como jornalista, tive a dura tarefa de algumas vezes entrevistar ou produzir matérias com o Zico, uma vez que, além da timidez diante do ídolo, havia a dificuldade de separar o repórter do torcedor.

Mais tarde, consegui juntar o meu nome ao dele como biógrafo – em coautoria com o jornalista Roberto Assaf – no livro *Zico: 50 anos de futebol*, lançado em 2003.

Que Deus o abençoe nesses 60 anos e lhe dê vida longa. Como em todo caso de amor eterno, é sempre bom tê-lo por perto, iluminando seus súditos.

Beijos, irmão!

Ronaldo Castro – jornalista

Eu tive a felicidade de conhecer toda a família Antunes. Minha amizade começou na década de 1960 com Edu – irmão de Zico –, quando ainda jogava pelo América. Edu construiu uma casa nos fundos da casa do Velho Antunes e passou a morar ali. Foi lá que conheci Zico. Ele deveria ter uns 16 para 17 anos e já namorava a Sandra – com quem vive até hoje.

Zico cresceu e eu também. Na minha época de Rádio Tupi, tive a felicidade de fazer a cobertura do Flamengo no final dos anos 1970 e até 1984. Vi Zico ser convocado pela primeira vez para uma seleção e em 1978, disputar a sua primeira Copa na Argentina. Uma pena que tenha sofrido uma entorse no tornozelo e ficado fora de vários jogos. Estive com ele em vários torneios internacionais como Ramon de Carranza e Troféu Tereza Herrera, ambos na Espanha. Construímos uma amizade fantástica. Eu como repórter e ele como um dos maiores jogadores do mundo. Zico me encantava com suas jogadas brilhantes. Uma vez, em São Paulo, ele me abraçou quando marcou um gol e eu estava trabalhando atrás do gol. Eu disse no ouvido dele – você joga pra caralho. Aquela atitude dele marcou ainda mais nossa amizade, eu nunca vou esquecer. Copa de 1982 – Zico no auge e perdemos naquele jogo fatídico contra a Itália. Copa de 1986, mais uma vez estaríamos juntos. Tenho muitas lembranças do meu amigo Galo que ficará no meu coração para sempre. Na minha profissão, eu só tenho que agradecer a você, Zico – sempre me atendeu nas entrevistas e, apesar de famoso no mundo inteiro, sempre manteve aquela humildade.

Qualquer pessoa que queira armar uma seleção com os melhores do mundo de todos os tempos vai ter que arranjar um lugar para Zico. Grande amigo, grande pai, grande marido e agora grande avô. Zico, obrigado por tudo. Você me ajudou muito em todos os momentos. Não esquecerei nunca de você.

Que Deus lhe ilumine e abençoe.

Geração Zico

Rondinelli – campeão mundial pelo Flamengo

Eu tive o imenso prazer de conviver desde a base com Zico. Tivemos uma criação maravilhosa desde a base, com ex-profissionais do Flamengo nos ajudando nessa fase. Pessoas que nos ensinaram a encarar o futebol com profissionalismo, que eram referência. Desde a época do bicampeonato juvenil, jogamos juntos. Éramos um grupo de profissionais que serviu ao Flamengo, que sextuplicou o número de torcedores sem ajuda nenhuma da mídia, somente por meio de nossas conquistas. Viajávamos de ônibus, sem frescuras, não tínhamos a facilidade da mídia que vemos hoje em dia. Viajávamos para o Norte e o Nordeste para jogarmos e garantir o pagamento dos salários.

Nessa época, vivemos o profissionalismo em sua essência. Honramos a camisa que vestimos.

Tive o prazer de viver a Geração Zico e seria uma injustiça não nomear nossas experiências. Zico é motivo de orgulho pra todos nós. A história de vida dele nos orgulha. Uma pessoa que deve ser reverenciada por tudo o que fez, em todos os países por onde passou. Como jogador, como treinador, como palestrante, como ser humano, ele é merecedor de todas as homenagens feitas para ele.

Zico é maravilhoso. Humilde, sempre pensou nos companheiros. Sempre liderou para o grupo, nunca fez reivindicações pessoais. Sempre pensou no coletivo. Por tudo o que jogou sempre mereceu ganhos extras e isso não era preocupação pra ele.

Zico honrou o legado deixado pelo seu Antunes e dona Matilde. O Zico, personagem de carne e osso, escreveu uma linda história, que merece ser reverenciada e reconhecida.

Minhas felicitações a você, Galinho. Que possamos conviver com você por muito tempo ainda e que receba muitas homenagens, pois você é merecedor. Parabéns!

Super-herói de verdade!

Sandro Rilhó – autor do livro Destino em vermelho e preto

Quando me perguntam qual o meu sentimento toda vez em que encontro com o Zico, eu respondo que é o mesmo de uma criança de 8 ou 9 anos quando encontra o Homem Aranha, o Superman, o Batman ou o Homem de Ferro. Esse é o meu sentimento, simplesmente Zico é o meu herói.

Toda vez em que eu encontro o Zico, a minha memória me faz voltar lá no fim dos anos 1970, quando cheguei ao Brasil vindo de Angola, nação destruída pela guerra, perdendo amigos, familiares e recomeçando a vida em um novo país. Me pego a olhar sempre para o Zico e a me lembrar do meu quarto com a mesa de futebol de botão e o radinho de pilha, escutando os jogos do Flamengo e as atuações mágicas do Zico. Depois corria para ver os gols na televisão e observar se era como eu tinha imaginado e criado pela narração da rádio.

Esses momentos eram tudo para mim, me davam paz, me faziam pensar no futuro, esquecer o passado e conquistar novos amigos.

Um lance inesquecível foi no meu primeiro jogo no Maracanã, a final de 1978 com o gol do Deus da raça Rondinelli. Eu estava tão emocionado que não prestei atenção ao jogo; meus olhos seguiam

Zico por todo o campo. No lance do gol, eu fiquei ali parado, observando Zico pegar a bola do lado da trave e caminhar para bater o corner, e continuei a olhar o Zico, esquecendo-me da trajetória da bola. Quando vi, todos já estavam comemorando o gol rubro-negro e, mais tarde, o título Carioca. Essa é uma imagem que nunca saiu da minha memória. Mais de 30 anos depois, quando vou me deitar, a imagem está lá como se fosse hoje: o meu momento mais marcante do Flamengo e do Zico.

Se o futebol tem alma, o nome dela é Zico.

É Zicovardia

Sergio Du Bocage – jornalista

O *Jornal dos Sports* foi o primeiro lugar onde trabalhei, no comecinho dos anos 1980. Era muito bom. Trabalhar no jornalismo esportivo me possibilitava encontrar ídolos de várias modalidades. Não esqueço o dia em que fui entrevistar Alexandre Torres e me vi diante do pai dele, Carlos Alberto, o Capitão do Tri! Ou quando estive com Emerson Fittipaldi, no autódromo de Jacarepaguá. Até que um dia fui escalado para cobrir o Flamengo, já em 1982. Época de ouro do rubro-negro, em que Zico era o maior, no meio de tantos craques e ídolos.

O convívio nem era dos maiores. Curioso isso. Lembro dos amigos que fiz naquela época: Lico, Adílio, Cantarele, Mozer, Figueiredo, Andrade, Raul, Tita, Júnior. O Zico era à parte; talvez eu, com meus 20 anos, nem me achasse no direito de me aproximar dele, em momentos que não fossem de entrevistas.

Acompanhei de perto a saída dele para a Udinese. E aí nos distanciamos. Até que um dia, já como assessor de imprensa do Mundial de Beach Soccer, na praia de Copacabana, reencontrei o Zico, que era o astro da seleção em 1993. Tinha encontrado com ele em diversas situações desde a sua saída dele para a Itália, mas foi ali na praia que vivi um

dos momentos mais legais. Ele passou pela sala de imprensa e me pediu uma informação. Saímos caminhando em direção à arena e, quando já estávamos lá fora, ele me deu um abraço enquanto andávamos. Confesso que não resisti e disse a ele:

"Você deve estar de sacanagem comigo, né? Já perdi a voz gritando seu nome da arquibancada e agora, na frente de 12 mil pessoas, você me dá um abraço?". Ele começou a rir e, a partir dali, ficamos mesmo amigos. Também lembro do dia em que ele me ligou, no celular. Claro que o número dele não estava salvo na agenda, mas eu sabia qual era. Quando apareceu, eu não acreditei. Disse isso a ele, que até reclamou na hora: "Pô, não posso te ligar?".

O Zico é um cara diferente dos demais. Foi ídolo maior do Flamengo, mas, pelo caráter, pelo comportamento, pelo exemplo como atleta e cidadão, conquistou torcedores de todos os clubes. Sempre que posso participo da festa que ele promove, anualmente, com jovens brasileiros e japoneses, lá no CFZ. E recentemente fui coroado ao escrever as crônicas do livro *Zico 60 capas*, que reuniu 60 primeiras páginas do *Jornal dos Sports*, escolhidas por ele, desde a estreia, em 1971, até a despedida, em 1990.

Na apresentação do livro, dei um abraço nele e agradeci. Claro que ele perguntou o motivo, e eu disse: "agora nossas vidas se cruzaram para sempre". Quem diria que aquele garoto, que gritava como um louco na arquibancada do Maracanã, um dia estaria tão próximo de seu maior ídolo no futebol.

Valeu, Zico!

Eu tinha um vizinho tricolor

Sidney Garambone – jornalista

Eu era moleque.

E tinha um vizinho tricolor. Muito tricolor. Tricolor doente. "Não existe tricolor doente! Ser tricolor é um estado de saúde", dizia ele com suas narinas empinadas e aristocráticas. Adorava a Máquina, amava o Maracanã e detestava o Zico.

Contava-me ele, bufando: "Zico? Craque fabricado pela imprensa!".

E tinha um vizinho vascaíno. Muito vascaíno. "O Vasco é o verdadeiro time popular do Brasil!", jurava ele, com sua pança e bonança. Admirava Roberto, elogiava São Januário e detestava o Zico.

Bradava-me ele, tremendo: "Zico? Craque de laboratório!".

E tinha um vizinho botafoguense. Muito botafoguense. "Se não fosse o Botafogo, não haveria seleção brasileira campeã", cantava-me ele, inspirado na Bossa Nova e no passado canarinho glorioso.

Jurava-me ele, ajoelhando: "Zico? Craque do Maracanã!".

Dia desses, meu carro enguiçou no velho bairro onde nasci e cresci. Pus o triângulo e placidamente me encostei no capô, à espera do reboque. Súbito uma voz familiar, e outra e mais outra. Cabelos brancos, chinelos samaritanos, passo cadenciado e ritmo aposentado, vinham eles pela calçada portuguesa. Meus velhos vizinhos, proseando sobre passado, presente e futuro. Ao me verem, estacaram. Espantaram-se. Fizeram festa. Repetiram os jargões dos velhos conhecidos. "Como você cresceu! Cadê seus pais? Acho que te peguei no colo. Casou? Filhos? Está trabalhando onde? Tem visto o pessoal antigo?"

Mas bastaram dois minutos regulamentares para voltarmos a falar de futebol. Um panorama rápido da bola contemporânea, elogios para Messi, Cristiano Ronaldo, Neymar...

E o vizinho tricolor suspira:

"Mas eu tenho é saudade do Zico".

E o vascaíno emenda:

"Como ele me fazia sofrer com tanto talento".

E o botafoguense completa:

"Meu sonho sempre foi vê-lo no alvinegro".

Fui ouvindo e me deliciando com cada elogio feito pelo trio. Pareciam sincronizados, mas não houvera ensaio nem treino. Não fora o tempo que ensinara a eles a admiração pelo camisa 10 do Flamengo. Sempre foi assim. Uma paixão oculta, que não podia ser revelada por temor, afinal os amigos torcedores podiam boicotá-los até o fim dos tempos. Mal sabiam eles que todos os companheiros de arquibancada pensavam o mesmo, mas, em nome da rivalidade, blindavam corações e mentes, negando o azul do céu, o brilho do sol e o talento de Zico.

A conversa na calçada continuou numa espécie de masoquismo saudosista. Brigavam, gargalhando, para ver quem tinha sofrido mais com os golaços de falta, as cabeçadas certeiras, os passes milimétricos, a precisão nos chutes de fora da área.

"Como jogava esse desgraçado!", finalizaram rindo. O reboque chegou, o mecânico consertou e o trio me abraçou. Partiram rua acima, em paz com o passado e felizes com o presente. Pois sabiam que o moleque curioso viraria jornalista. E contaria esta história no futuro para Zico. Com um abraço sincero, um abraço não, três abraços sinceros e fraternos, de um tricolor, um vascaíno e um botafoguense.

Arquivo pessoal

Uma partida de pingue-pongue

Sílvio Lancellotti – jornalista e comentarista esportivo

A minha relação com o Galinho é como uma partida de pingue-pongue – digo pingue-pongue de propósito, para evitar a competição de uma peleja de Tênis de Mesa, em que alguém acabará por vencer. Claro, houvesse qualquer competição entre nós, ele ganharia, sempre...

Mas explico melhor essa coisa do pingue-pongue. Trata-se de uma metáfora, uma relação em que, no profissional e no pessoal, ocorre um bate-rebate amistoso, sem a necessidade da finalização. Uma relação em que eu, um fã no pessoal, inaugurei, como profissional, na Copa de 1978, e que estendi, de novo como profissional, na Copa de 1982. Impossível definir o que senti quando o Brasil perdeu da Itália em 1982.

Há quem imagine que, então, por causa das minhas conexões ancestrais, eu torci pela Azzurra. Ah, leda tolice.

Quem me lê, acredite, eu chorei.

Daí o Galinho se transferiu para a Udinese da Velha Bota. Naqueles idos, eu já comentava o *calcio* na Band. E passei a acompanhar, com o máximo de afeto, as suas performances em uma agremiação sem chances. Pois eu me orgulhei em elogiar as suas performances, mesmo quando a Band não exibia, ao vivo, os combates da Udinese. Alguém contou a ele que eu me entusiasmava com os seus gols. E, inopinadamente, em um jantar, num restaurante, o mesmo alguém me trouxe uma camisa da Udinese, devidamente autografada pelo Zico.

Confesso, nunca usei. Uma camisa de inverno, fios de lã, impossível de se envergar, aqui, no calor do Brasil. Desses modo, preservo-a na minha coleção de troféus. Quem mais tem uma camisa do Zico na Udinese?

Na Copa de 1986, padeci de novo com a derrota do Brasil diante da França. O Galinho mal tinha entrado em campo e decidiu cobrar uma penalidade máxima – que desperdiçou. Admito, naquela ocasião, não chorei. Porém, sofri bastante, por ele e pelo Brasil.

E o pingue-pongue se transformou em uma atividade, digamos, íntima, quando o Zico retornou ao Brasil.

Recruzamos, mais no pessoal, quando participei da montagem de um complexo de restaurantes em Campinas. Um dos seus pimpolhos atuava no Guarani da cidade. Foi a primeira vez em que o nosso pingue-pongue virou resultado. Trocamos abraços, afetuosos.

Depois, profissionalmente, participei de bancadas de entrevistas com o Galo nos canais ESPN.

Ele me reconheceu e topou autografar papéis em branco ao meu filho Eduardo e ao meu neto Dudu.

Glória pura. O Galinho invadiu, oficialmente, o meu cotidiano...

Papeamos sobre os seus sucessos e sobre os seus infortúnios na Itália. Ele enganado por dirigentes e por empresários – e eu lhe prometi que, no momento indispensável, manifestaria o meu apoio público.

Como agora, Zico. Adoro você, no pessoal e no profissional, pelo seu caráter como atleta e como ser humano. Não sei se este meu texto basta. De qualquer maneira, Galo, saiba, eu permaneço um seu fã. No futebol ou nas suas outras atividades. Não sucumba, jamais, por favor. Você está acima do bem e do mal. *Dio ti benedica*.

Arigatô, Zico

Sílvio Luís – locutor esportivo

Zico, além de ter sido esse craque que foi, no dia a dia é uma figura que transmite tudo aquilo que trouxe de uma criança bem educada. Sempre foi assim.

Meu filho mais velho, Alexandre – torcedor do Santos –, quando garoto sofreu de Ziquice, ou seja, daquele vírus benigno de ser fã incondicional do Galo. Essa simpatia de menino me obrigou a dar o meu jeito para levá-lo ao Morumbi só por uma foto com Zico. Alexandre guarda até hoje não só a foto, mas também a camisa que ganhou.

Esse é o Seu Arthur que nunca mudou, pelo menos que eu saiba.

Na Copa da Itália, pude conviver com ele como amigo e profissional. Um amigo sempre pronto a ajudar e a ensinar quem não entende da matéria futebol. Fiz dupla com ele em várias transmissões; ele enxerga o jogo diferente dos outros comentaristas.

Naquela Copa, Dona Sandra estava presente. Descobrimos em um corredor do centro de imprensa um telefone que não cobrava as ligações para o Brasil. Era só dar um toquezinho e a gente falava o tempo todo sem pagar nada! Não contamos para ninguém e curtimos o tempo todo.

Foi a convite de Zico que conheci Udine. Ele receberia uma homenagem do prefeito e me convidou. A folga permitia e eu fui.

O Mercedes nos pegou em Roma e, com todo o tratamento VIP a que tínhamos direito, fomos em uma boca-livre de primeiro mundo.

Zico não podia ouvir falar em "pelada" que estava sempre disposto a participar. O problema no joelho era tratado com muito cuidado, tanto que um elástico especial era usado para fazer uma espécie de aquecimento.

Zico foi quem abriu as portas para os brasileiros no Japão. Mais uma vez, graças à sua simpatia e competência, ficou na história do futebol do outro lado do mundo!

Agradeço a ele muita coisa que sei de futebol. Obrigado, Zico!!!

Era jogo festivo?

Taffarel – campeão da Copa do Mundo de 1994

Eu acho que, para um ex-jogador, não há nada mais gratificante do que ouvir alguém dizer: "tu foi meu ídolo e um exemplo a ser seguido". Pois bem, Zico, tu foi tudo isso no meu início de carreira.

Mas o destino me reservava algo ainda mais significativo: a tua despedida no Maracanã. Estar junto contigo naquele momento tão importante da tua vida profissional... Pena que se esqueceram de me dizer que era um jogo festivo, joguei como se fosse uma partida de Copa do Mundo.

Falando em Copa, tivemos grandes emoções juntos na Copa da França.

E mais, muitos torcedores colorados dizem que uma das minhas melhores defesas foi numa cabeçada tua, em um jogo Internacional x Flamengo.

Zico, que Deus continue te iluminando como sempre fez. Grande abraço.

Estava escrito

Tarciso – ex-jogador e campeão do mundo pelo Grêmio

Uma honra estar falando de um dos melhores jogadores do Brasil e do mundo. Zico está na minha lista de ídolos, junto com Jairzinho, Antunes. Tive oportunidade no futebol mais ou menos aos 16 anos. Era menor quando assinei o contrato profissional e o Edu e o Antunes gostavam de mim e me ajudaram muito. Eu ia muito para Quintino, até porque o dinheiro que a gente ganhava era pouco e eu estava sempre na casa do Zico filando boia. Dona Matilde, sempre bondosa e preocupada, chamava para almoçar: "Vem comer, menino, que saco vazio não para em pé". E eu com vergonha, mas morrendo de vontade de comer.

Na família, sempre se comentava que Zico seria o que ia despontar e ser o grande jogador. Eu estava no profissional e Zico, ainda no juvenil. Ficava meio em dúvida quando ouvia isso, porque eu parava pra ver o Edu jogar, o cara batia falta com uma perfeição danada. Eu ficava olhando aquele homem pequenininho ter aquela técnica, nenhum goleiro pegava. Será que o Zico ia ser melhor?

Então fui pra Porto Alegre, joguei no Grêmio e comecei a enfrentar os times cariocas e, por consequência, Zico no Flamengo. Comecei a mudar minha visão sobre ele. Aquele gurizinho tinha se tornado craque! Todo mundo sabia, estava escrito nas estrelas que ele seria um grande atleta, uma referência no esporte.

O que me deixava contente e bem tranquilo, me fazia muito bem e a que eu prestava muita atenção era a união da família Coimbra. O irmão mais velho cuidava do mais novo. Parecia minha família, de nove irmãos. Os irmãos mais velhos sempre aconselhando. Era bonito de ver a preocupação deles com o Zico, o cuidado.

Um cara que cresceu dentro de um sistema de humildade, educação e respeito. A leitura que faço hoje é essa: com uma base estrutural como a que o Zico teve em casa, impossível não dar certo. Copiei muitas coisas boas. Família sempre alegre, que te colocava pra cima. O respeito com o ser humano, não importava se era branco, amarelo, azul, feio, magro, bonito, gordo. Em minha memória ficaram risadas e amor. Zico no seio dessa família só podia ser o que foi. Exemplo, grande atleta, grande ser humano. Zico, pode contar comigo sempre.

Jogando de sapatilhas

Teixeira Heizer – jornalista

Bagdá ainda cheira a pólvora e os escombros a que foi reduzida denunciam que os dias, por ali, voltados à religiosidade, perderam-se na esteira dos tempos. O que restou de sunitas, xiitas e outros "itas" fez da lendária cidade uma cadeia de nós à procura de um desate que a reponha na rota ideal. Os sultões – onde estão os sultões e seus palácios, engalanados a ouro e pedras preciosas? O barulho das bombas ainda não cessou e de pé, intacta, restou uma história rica que as civilizações sempre invejaram.

Em meio às nuvens de pó, o pequeno estádio, sem beleza e despido de qualquer requinte capaz de situá-lo entre os pontos de referência de Bagdá, parece resistir ao inferno gerado por inimigos internos e externos; lá dentro, em meio ao desconforto de dependências acanhadas, uma pequena torcida tenta incentivar seu time para uma vitória, feito distante capaz de ocultar, por momentos, as derrotas da guerra sangrenta. No banco de reservas, voz rouquenha de tanto gritar, o técnico brasileiro Arthur Antunes Coimbra tenta empurrar seu time à frente. Parece uma quimera.

É Zico em ação.

Pois Zico é assim. Onde estiver rolando uma bola, ele está por ali, antes como jogador inigualável, agora como treinador competente. Às favas com o Iraque empoeirado e camuflado sobre uma esteira de dinamite? O importante é a bola, é empurrar para a frente aqueles jogadores desajeitados que mal sabem amarrar as chuteiras e que vão terminar desclassificados nas eliminatórias asiáticas da Copa do Mundo.

Foi Celso Garcia, meu colega locutor da Emissora Continental e da Rádio Globo, quem o descobriu. Era pequeno e magro. Credenciava-o apenas o fato de ser irmão de Edu e Antunes, dois eficientes jogadores de primeira divisão, de tempos idos. Surpreendeu seus técnicos e ascendeu às equipes superiores, já aí em condições físicas apreciáveis.

Tornou-se o dono do Maracanã. Foi quem mais inflou suas redes e lançou por terra sonhos desmedidos de goleiros ambiciosos. Com seus dribles espetaculares, seus chutes bem direcionados com qualquer dos pés e suas cabeçadas fulminantes, levou seus antagonistas às derrocadas humilhantes.

O Flamengo se beneficiou de sua técnica inigualável, mas foi a plateia – inclusive as adversárias de todos os quadrantes do mundo – que se extasiou com seus feitos sensacionais.

Não há opiniões divergentes sobre seu caráter. Telê Santana, seu técnico em duas seleções, sentenciou em poucas palavras: "um homem de bem".

Vi Zico falando, orientando seus comandados, jogando com brilho fulgurante. Certa vez até o confundi com um Baryshnikov, flanante no Maracanã, calçando sapatilhas em vez de chuteiras.

Vai, Thiagão!

Thiago Lacerda – ator

O Maracanã não é um estádio qualquer. É mais que uma relação de entretenimento. É uma relação de paixão desde a infância. O Maracanã é minha vida, em vermelho e preto.

Minha estreia no Maraca foi aos 3 anos de idade no jogo Flamengo x Cobreloa, com gols do Zico.

Anos mais tarde, a Unicef organizou um jogo para celebrar o retorno de Ronaldo, com a participação de Schumacher e... ZICO. Ah! Eu também joguei! Duelo dos técnicos Zagallo x Parreira. Fui escalado pra jogar no time de quem? Zico!

Voltei à minha infância. Aos meus 3 anos. Era a primeira vez em que eu pisava no gramado do Maracanã, e meu pai na arquibancada. Formei zaga com Ricardo Gomes. Sou peladeiro e sempre jogava no ataque, mas vê se ia ter lugar pra mim lá na frente com Ronaldo, Schumacher e Zico? O time adversário tinha o ataque composto por Bebeto e Renato Gaúcho. Em um lançamento contrário, a bola não chegou a nenhum deles e parou em mim. Lembro que saí da área e Zico, na intermediária, começou a pedir a bola: "Vai, Thiagão, passa pra mim!".

Lancei a bola pra ele e... parei! No meio do campo. Olhei pra arquibancada procurando meu pai. Queria dizer: "Pai, você viu isso? Joguei uma bola pro Zico! Eu joguei com Zico!".

O "vai, Thiagão" eu nunca mais vou me esquecer.

Zico é ídolo em um país sem referências. Em um país cheio de celebridades, pseudocelebridades, pessoas que não servem como exemplo de nada. Não só do esporte, mas de uma maneira geral. Pessoas que têm algum talento, mas não servem como referência de vida para as crianças. Zico é um ídolo necessário, dentro e fora das quatro linhas. Ele transcende o conceito de estádio, torcida, nação. Zico vale a pena. Zico é, realmente, ídolo.

O filho do Seu Antunes

Tino Marcos – jornalista da TV Globo

Vestia bermudas jeans, camisa estampada, bolsa capanga na mão. A cabeleira, molhada, não parecia tão grande como eu a via nos estádios, nas fotos ou na TV. Caminhava sem pressa, do vestiário para o carro. Era o fim de mais um dia de treino, normal pra ele. Não para mim.

A capa de um talão de cheques do meu pai foi a solução para obter, ali, o autógrafo do Zico. Para o craque, uma assinatura a mais. Para o menino, um troféu.

Uns oito anos depois, o menino era repórter do *Jornal dos Sports* e tinha a oportunidade de entrevistá-lo. E o coração acelerava da mesma forma.

Depois, foram incontáveis matérias e situações.

O menino tinha visto Zico entrar no segundo tempo, na ponta-direita, aos 18 anos.

O menino estava atrás do alambrado do Caio Martins, viu Zico fazer gol antológico na ADN, aquele que Pelé quase fez no Uruguai em 1970.

Do início ao fim da carreira no Brasil, tive o privilégio de ver Zico. Inteiro. Do galinho franzino ao veterano campeão da Copa União, em 1987, aí já como repórter da TV Globo.

Não, ele não foi campeão do mundo pela Seleção.

Ele joga no time do Cruyff, do Euzébio, do Di Stefano, do Van Basten, do Zizinho, do Platini, do Puskas; hoje, nesse time estão Cristiano Ronaldo e Messi.

Zico joga no time dos grandes da história.

E é um apaixonado por futebol. Quantas conversas, quantas gargalhadas, de quanta resenha e sabedoria que pude desfrutar – e desfruto até hoje.

Vai ser o sessentão boa-praça, o avô dedicado, o internauta atento que manda mensagens e as responde prontamente. O treinador, o dirigente, o sujeito de modos simples, o filho do Seu Antunes.

Até com o Zico da Grã-Bretanha – sim, Ryan Zico, homenagem do pai, irlandês, ao Galinho – já fiz matéria.

Zico mantém a aura dos grandes. Ainda provoca emoção em muitos que o encontram.

Parabéns por seu exemplo, Galinho! E obrigado.

Te trago na pele

Tulio Rodrigues – Blog Ser Flamengo

Fiquei pensando em várias histórias, ideias ou qualquer mote para falar do Zico! Não consegui encontrar nenhum! Pensei então em deixar meu coração falar, e nada melhor do que usar o coração, pois um coração não mente! Pra falar de Zico só com o coração mesmo.

Zico foi o meu primeiro ídolo, a figura que me remetia ao Flamengo desde a minha infância. Era como se os dois fossem uma coisa só! Uma homogeneidade que nunca se apartou das minhas lembranças. É impossível pensar no Flamengo e não pensar em Zico e vice-versa!

Nunca vi o Zico jogar e por vários momentos até bem pouco tempo era motivo pra lamentação, mas ouvindo Moraes Moreira, em sua homenagem a Zico, no refrão "Agora como é que eu fico nas tardes de domingo sem Zico no Maracanã?", penso que não sei se suportaria viver sem Zico! É algo impossível e imagino a dor de cada um naquela época!

Privilegiados os que viram Zico jogar! Privilegiados os que tiveram a honra de ver Zico em atividade defendendo as cores mais lindas, as cores do Flamengo! Privilegiados os Arquibaldos e Geraldinos por

terem visto Zico! Tenho certeza de que todos vocês nunca viram algo parecido na vida!

Definir Zico é algo impossível! É como o amor, não há definição possível ou que se aproxime do que é Zico! Não falo só do atleta, mas do cidadão, da pessoa... Se alguém me perguntar em quem se espelhar, direi: "Se espelhe em Zico, seja Zico...". Como bem disse a minha querida amiga Marcella de Miranda, Zico devia ser uma virtude. E falando assim parece até que Zico não existe ou nem seja um ser humano, mas ele existe e, por mais improvável que seja, é igual a mim e a você! Ele é de carne e osso!

Eu não posso deixar de registrar aqui o dia em que conheci Zico pessoalmente. Posso dizer que foi um dos dias mais inesquecíveis da minha vida. Primeiro por estar ao lado do meu maior ídolo e segundo por poder entrevistá-lo! Os dias que se antecederam ao encontro foram de muita ansiedade e insônia. Foi a realização de um sonho!

Ultimamente venho tendo a oportunidade de conhecer pessoas que compartilham do mesmo amor por ele e pelo Flamengo! Raciocinar Zico 24 horas por dia não tem preço!

Zico, é impossível dimensionar num texto a sua importância para mim em todos os sentidos! Quando criança, eu tinha a audácia de querer ser Zico! Hoje, carrego em mim uma gratidão impossível de retribuir! E o coloquei na minha pele porque você é um ser humano inesquecível mesmo já o levando comigo em meu coração! Obrigado por ser Zico! Obrigado por ser esse sinônimo do Flamengo que deu certo!

Zico: presente para o mundo

Tuncay Sofu – torcedor do Fenerbahçe

Fenerbahçe e o povo da Turquia o amam muito, Zico, assim como eu. Queria muito que você tivesse ficado mais tempo no Fenerbahçe. Arthur Zico é uma lenda, um talento nascido no Brasil e que nenhuma palavra é bastante para descrever.

Pelé Branco, muito obrigado! Que bom que você existe e que o mundo teve a oportunidade de conhecê-lo e imitá-lo!

Disputa de vovôs!

Valdir Espinosa – técnico campeão mundial pelo Grêmio

Terminou o treino e eu disse ao Zico: "cara, tem que cuidar deste joelho. Portanto, treine menos para não ter problema". "Espinosa, se eu treinar menos, os outros vão querer treinar menos. Assim, vendo que eu estou sempre treinando, eles treinam também."

Ele não dizia, mas era um exemplo a ser seguido.

Aconteceram treinos e jogos. Então, na semana do jogo contra o Vasco, toda a imprensa apontava o Vasco como vencedor.

Aí, vi o cara brabo (primeira e única vez)! Convocou uma entrevista coletiva e disse que campeão mundial era o Flamengo e que, por isso, exigia respeito de todos. Veio o jogo, e o resultado vocês sabem: Flamengo 2 (Bujica) x 0 Vasco.

Essas são somente duas histórias entre tantas que vivi, treinando e aprendendo com esse cara.

Hoje, temos uma disputa particular como avôs.

Tornei-me avô primeiro, mas ele tem mais netos do que eu. No momento, o desafio está empatado 1 x 1, mas logo passarei à frente porque, com certeza, serei bisavô antes dele.

No futebol, dois momentos importantes na sua carreira em que participei: despedida do Flamengo contra o Fluminense e sua despedida do futebol, no Maracanã.

Hoje, nutro grande respeito, admiração e amizade pelo Zico.

Vamos ver quem ganha a batalha do vovô, Zico! Abraço, meu amigo!

Um grande coração

Valdir Peres – técnico e ex-goleiro da Seleção Brasileira de Futebol

Fui companheiro de Seleção Brasileira do Zico. Convivemos juntos durante dois anos, de 1980 a 1982.

Zico, além de grande jogador, desportista, é uma pessoa excepcional. Dentro do grupo, um líder que não precisava se impor. Ele conquistou unânime respeito por ser companheiro, humilde, de fácil trato e por lutar pela unidade e pelo melhor para todos. Conversava com todos, bom caráter, bom filho e grande amigo. Sua família sempre junto, o amor deles nos contagiava.

Como atleta, uma pessoa diferenciada. Grandes gols, grandes jogadas, grandes partidas. Sua dedicação nos treinos era exemplo. Também jogamos em times diferentes, como oponentes, e ele, sempre leal, respeitava os adversários, engrandecia as partidas.

Na Seleção, tínhamos um meio de excelência com ele, Cerezo, Sócrates e Falcão. Foi uma infelicidade não termos conseguido o título dessa Copa, pois esse time era maravilhoso.

Zico tem um grande coração. Grande conhecimento. Espero que faça muito pelo futebol brasileiro, pois ele é uma das pessoas capazes de gerenciar uma mudança nesse cenário. O futebol precisa de pessoas de visão como a dele. Zico, você merece toda a sorte do mundo. Fico muito feliz em tê-lo como companheiro de luta.

Zico, o vilão!

Vanessa Riche – jornalista do SporTV

Cresci vendo você jogar.

Lembro-me dos domingos que ia ao Maracanã com meu pai torcer pelo meu time de coração. Estádio cheio, a fumaça colorida tomava conta das torcidas. Achava a festa bonita, mas sabia que iria enfrentar um adversário difícil. Seu nome me dava calafrios.

Hoje acho muita graça, porque minha vida profissional me levou a conhecer o verdadeiro Zico. Um homem doce, que preza a família e sempre me recebeu muito bem. Caiu a imagem de vilão que a rivalidade no futebol me fez construir. Ficou a imagem do grande jogador que fez a alegria de milhões.

Parabéns pela bela família que você construiu. Que Deus lhe conserve esse homem verdadeiro e autêntico, endeusado pelos rubro-negros e querido por todas as torcidas!

Comemore! Orgulhe-se de tudo o que viveu! Muita saúde para cuidar dos netinhos e lutar pelo crescimento do nosso futebol!

Nada menos que o máximo!

Virna – campeã mundial e olímpica pela Seleção Brasileira de vôlei

Quem me conhece, sabe: "Amo o Rio de Janeiro!".

Amo tudo que representa a cidade das maravilhas.

Há mais de 60 anos, essa cidade maravilhosa recepcionou, ainda sem saber, aquele que faria uma nova história para o futebol do Flamengo, do Brasil e do Mundo. O menino franzino da zona norte enriqueceu os gramados transmitindo a quem quer que fosse o melhor que o esporte poderia oferecer.

A consciência de que o esporte era pra todos brotou do carisma e da determinação de um artilheiro que, além de garantir a alegria com cada gol, passou a apresentar o futebol aos jovens e a comunidades carentes.

Zico. Este era o nome do destemor, da competência e da garra, qualidades que agregaram parceiros do Oriente ao Ocidente. Uniu. Promoveu. Venceu.

Meu ídolo, foi bom, aliás, muito bom, receber de suas mãos a camisa número 10 do Flamengo. Esse "seu dez" me acompanhou em minha jornada de atleta e me acompanhará sempre... de verdade e de coração. O esporte me lembra de cada marca que você deixou no coração de milhões de brasileiros: O seu 10! Esse DEZ é do BRASIL!

Parabéns por essa vida entregue aos gramados e sempre ávida por novas conquistas.

Estamos juntos, parceiro. Nosso Rio, nosso Brasil, nosso mundo precisa de espelhos iguais a você. Bom enxergar, em cada ação sua, quanto você é capaz de envolver o esporte para comover o país. Melhor ainda, entender o porquê de ser uma das maravilhas de nosso Rio de Janeiro.

Zico é Brasil, é Rio de Janeiro.

Zico, obrigada por nos ensinar a não aceitar menos que o máximo!

Zico anormal!

Vítor – ex-jogador do Flamengo

Em 1979, o Flamengo contratou do América um ponta-direita muito bom, o Reinaldo. Além de veloz e abusado, Reinaldo era goleador e tinha um chute muito forte. Era o principal cobrador de faltas do "Mequinha", mas, quando chegou à Gávea, encontrou certo camisa 10 que não dava brecha pra ele bater suas faltinhas, um tal de Zico.

Reinaldo era um cara de grupo, sujeito engraçado, boa-praça, que adorava contar piadas e colocar apelidos nos colegas. Era muito querido por todos do time. Apesar de saber que o Galo era o cara das faltas e pênaltis, não deixava nunca de treinar e vivia pedindo ao homem pra deixar que cobrasse pelo menos uma. Zico ria e dizia: "Vamos ver. Um dia, quem sabe?".

Certa vez, numa partida pelo Carioca, a qual já estávamos ganhando por 3 ou 4 x 0, saiu uma falta bem na entrada da área. Reinaldo estava do outro lado do campo, mas deu uma carreira e em um segundo colou no Zico, que já estava ajeitando a bola. "Pô, Galo, deixa essa pra mim, cara", pediu. Zico, que dali dificilmente errava, disse: "Tá bom, essa é tua! Mas dá no meio do gol, mira o peito do goleiro". Reinaldo estava tão contente com a chance, que nem pensou em perguntar por quê. Ajeitou a bola, deu quatro passos pra trás, correu e soltou a bomba, exatamente como o "chefe" havia pedido. Ela saiu como um foguete e foi direto no peito do goleiro, que não conseguiu agarrá-la e deu o rebote na risca da pequena área, à meia altura, e encontrou a cabeça do Zico, sozinho, que nem precisou pular pra escorar e fazer mais um.

Fim do jogo, Reinaldo entra no vestiário, gritando: "Não é possível! Não é possível! Esse homem só pode ter pacto com o diabo! Como é que ele sabia que o goleiro ia soltar a bola ali, na cabeça dele? Isso não é normal, porra! Não é normal!".

E não era mesmo. Zico não era normal. Por isso era Zico. Por isso sempre foi meu ídolo e meu mestre. O maior profissional que já conheci e o melhor jogador com quem já tive o prazer de jogar.

Craque dentro e fora de campo

Wagner Vilaron – jornalista e comentarista do SporTV

Apaixonados por futebol, como o caso deste jornalista, nascidos na década de 1970 (no meu caso, 1971), tiveram a geração marcada pela genialidade de Zico dentro do campo. Seu talento era tamanho e, consequentemente, o prazer de vê-lo atuar tão intenso que permitiu a Arthur Antunes Coimbra (descobri seu nome verdadeiro aos 10 anos, quando comecei a colecionar o *Futebol Cards*, figurinhas que acompanhavam uma famosa goma de mascar da época) colocar-se acima da rivalidade entre clubes. Enquanto torcedores do Flamengo orgulhavam-se de contar com o camisa 10, seus rivais morriam de inveja e, comedidamente, também admiravam a estrela Rubro-Negra. Zico é daquele tipo de raro de jogador que só tem um problema: não jogar no nosso time.

Mas a história mais marcante que tive com o Galo aconteceu alguns muitos anos depois. Ele já não era jogador e eu me tornara jornalista esportivo. Em 2003, Zico tornara-se técnico da seleção japonesa que disputava a Copa das Confederações na França, competição que cobri pelo jornal *O Estado de S. Paulo*.

Evento inesquecível. Só para dar ideia, meu companheiro de cobertura era ninguém menos do que o saudoso Reali Júnior, uma referência que me acompanhava desde criança, pois meu pai sempre ouviu a rádio Jovem Pan, de São Paulo, emissora para a qual Reali trabalhou boa parte da vida como correspondente em Paris.

Evidentemente, nossa missão era acompanhar a Seleção Brasileira, especialmente badalada naquele momento graças ao quinto título mundial, conquistado no ano anterior no Japão e na Coreia do Sul. No entanto, ter um profissional do nível de Reali ao meu lado deu-me a segurança para arriscar ir atrás de uma pauta que, no primeiro momento, parecia complicada: entrevistar Zico.

Além de precisar me distanciar da cobertura da seleção por dois dias (a delegação japonesa estava em Lyon, na região sul, aproximadamente 500 km de distância da capital), não havia feito qualquer tipo de contato com a assessoria de imprensa do Japão ou com o *staff* de Zico para agendar a conversa. Teria de chegar com a cara e a coragem e correr o risco de perder a viagem.

Risco assumido, levantei nome e endereço do hotel onde os japoneses estavam hospedados, peguei o primeiro trem na manhã seguinte e segui para Lyon. Durante a viagem, fiz várias anotações sobre os assuntos que deveriam ser abordados na entrevista, mas inúmeras vezes interrompia o processo tomado por aquele sentimento de que poderia estar perdendo meu tempo. "Imagina, os japoneses, tão organizados e avessos a improvisos, jamais permitirão que eu fale com o Zico" era um pensamento que insistia em me aborrecer algumas vezes.

Desembarquei na estação de Lyon, peguei um táxi e me dirigi ao hotel. Logo após pagar a corrida e descer do veículo, achei estranho o fato de não haver qualquer tipo de movimentação na entrada. Acostumado com a confusão e às dezenas de torcedores e policiais que sempre ocupavam a frente dos hotéis por onde passava a Seleção Brasileira campeã do mundo, estranhei aquele clima de absoluta calmaria. Cheguei a suspeitar de que pudesse estar no endereço errado, dúvida que o próprio taxista fez questão de sanar. "Fique calmo, acabei de trazer dois jornalistas japoneses na corrida anterior", tranquilizou-me.

Sem qualquer tipo de abordagem ou bloqueio, cheguei à recepção do hotel. No momento de me dirigir à recepcionista, ocorreu-me uma dúvida: deveria perguntar pelo assessor de imprensa ou diretamente por Zico? Imediatamente a resposta surgiu: "para com isso, você acha que o Zico vai pegar o telefone, ser avisado que você está aqui, pedir um minutinho e descer? Caia na real".

Concluí, então, que a melhor alternativa seria contatar o assessor de imprensa. Porém, no momento de falar com a funcionária do hotel, lembrei-me de que não havia agendado, sequer avisado o japonês que estaria ali. Percebi que a chance de o japonês marcar uma entrevista ali, na hora, de improviso, seria menor do que a tentativa de trocar duas palavras com Zico, mesmo que fosse pelo telefone.

"Por favor, gostaria de falar com o senhor Coimbra", pedi à recepcionista, lembrando-me do *card* no qual aprendi o nome completo de Zico. "Desculpe, senhor, não localizei ninguém com esse nome", respondeu ela, para minha preocupação. Então dei minha última cartada. "Minha senhora, quero falar com o Zico! Meu nome é Wagner e sou jornalista brasileiro", completei. "Ah, sim, o sr. Zico. Só um minuto." Ela se dirigiu a um telefone que ficava a uns cinco metros de onde eu estava, o que não permitiu que ouvisse sua breve conversa. Vinte segundos depois, a recepcionista voltou com a resposta improvável: "O senhor Zico disse que está descendo e pediu para o senhor aguardar".

Mal podia acreditar na simplicidade do processo. Eu, ali, na recepção de um hotel, seria recebido por um dos maiores jogadores da história do futebol, que agia como se fosse uma pessoa qualquer. Detalhe: sou de São Paulo, nunca cobri um treino sequer do Flamengo ou uma partida em que Zico estivesse. Ele simplesmente não me conhecia e assim mesmo me recebeu com a maior boa vontade, paciência e cordialidade para um bate-papo que durou mais de uma hora.

Entre vários temas abordados, um chamou mais atenção. Zico revelou que no final da década de 1980 esteve próximo de jogar pelo Corinthians. Lembro-me que essa notícia garantiu um bom espaço para a entrevista, que foi destaque da contracapa do jornal e garantiu várias ligações e mensagens nas semanas seguintes de torcedores corintianos, que lamentavam o fato de o acordo não ter dado certo, e de rubro-negros indignados com o que chamavam de a heresia de ver seu ídolo máximo com a camisa de outra equipe brasileira.

Enfim, durante aquele papo, Zico, que já havia conquistado minha eterna admiração como atleta, conquistou-a também como pessoa. Sem dúvida, um ser humano diferenciado.

Mais um golaço do Galinho...

Galinho! (não Galo!)

Wilson Sideral – cantor e compositor

Zico é "desses caras", os grandes heróis brasileiros! Foi carrasco do meu Galo! (risos). Lá, nos anos 1980, quando comecei a me apaixonar pelo futebol, estes dois clubes (Galo e Flamengo) "dominavam" o futebol brasileiro!! A rivalidade até hoje presente era, principalmente, por causa dos talentos de Zico (curiosamente, o Galinho) e Reinaldo (o "rei" do Galo). Mas, clubismos à parte, tenho por Zico um respeito enorme, pela bola imensa que jogou, pelo prazer de ser brasileiro e honrar esta camisa, e pela pessoa educada e humilde que ele aparenta ser. Não tive a honra de conhecê-lo pessoalmente, mas, por tudo que vejo e ouço dele, e sobre ele, acredito ser realmente merecedor do *status* de ídolo do nosso país, sim! Não só do Flamengo, mas do nosso Brasil! Salve Zico, salve o Galinho. Vida longa ao grande "cara"!

Impossível não ser Zico FC

Xande de Pilares – músico do Grupo Revelação

É, gente! Futebol e samba, duas coisas entrelaçadas na minha vida, na minha família. Vou contar como o amor tomou forma em minha vida nessas duas áreas. Tomei conhecimento da existência e do trabalho do Zico, desse grande exemplo dentro e fora de campo, em 1978 no Maracanã. Foi um momento mágico na minha vida!

Eu ainda menino, meio que indeciso por qual time torceria. Meu pai, hoje falecido, comprou na época um uniforme do Vasco, tentando forçar a barra pra que eu fosse vascaíno. Aliás, a grande maioria dos pais tem esse tipo de comportamento. E, numa família carioca, não tem como fugir a essa regra.

Em minha primeira ida ao Maracanã, levado pelo seu Custódio de Assis Filho, vi o Mengão ser campeão carioca. O final dessa história vocês sabem: não parei mais de comemorar títulos, de colecionar faixas e *posters*!

No dia da final do Mundial Interclubes no Japão, acabou a luz e tive que ouvir pelo rádio a vitória do meu Flamengo, liderada pelo Galinho!

E hoje tenho o privilégio de bater papo com meu ídolo.

Ídolo de todos os tempos! ZICO! Obrigado, Galo!!

Ah! Seu Custódio não ficou nada feliz com minha escolha, mas ele entendeu que me levou ao Maraca num dia em que Zico brilhou. Impossível não me render ao que ele fez diante dos meus olhos. Para meu pai não ficar triste, fizemos um acordo. Meu pai era salgueirense e minha mãe até hoje torce pela Mangueira! E eu combinei com ele que seria Salgueiro!

Zico em desenho

Renato Peters – jornalista da Rede Globo, que iniciou o gosto pelas charges

POSFÁCIO
Um padrinho para chamar de nosso

Eliane Cezar – jornalista do Donas da Bola

Algumas religiões dizem que o padrinho representa a figura do pai, ou seja, na ausência do progenitor, o padrinho é o responsável por cuidar do seu afilhado, zelar por seu bem-estar e não deixar que ele se afaste do caminho do bem. Dito isso e com o título deste posfácio, muitos devem ter se perguntado qual a necessidade de um site esportivo ter um padrinho. Explico.

Não é fácil trabalhar com comunicação, principalmente quando ela envolve o esporte, tema que desperta paixões avassaladoras em várias modalidades. Em se tratando de futebol, as dificuldades aumentam. E em se tratando de mulheres na cobertura esportiva, cujo destaque é o futebol, amigos, creiam: os obstáculos aumentam absurdamente.

Apesar das dificuldades, cá estamos nós, alvinegras, tricolores, rubro-negras, alvirrubras, alviverdes, alvicelestes, do Norte, Sul, Sudeste, Centro-Oeste e Nordeste deste imenso Brasil, escrevendo cotidianamente sobre futebol, Fórmula 1, vôlei, MMA e algumas outras modalidades esportivas. Mas como saber se estamos no caminho certo, no caminho do bem?

É aí que entra a figura de Arthur Antunes Coimbra, o Zico, padrinho do Donas da Bola. No dia em que ele aceitou dar a sua bênção a este grupo de mulheres, nosso projeto entrou em uma nova fase, mais forte, mais confiante e mais fã não apenas do jogador, mas do padrinho Zico, que nos atende sempre com o carinho especial, acreditando em nosso potencial e ajudando a desenvolvê-lo.

Vida e obra em datas

{1953}	3 de março	Nasce nosso ARTHUR ANTUNES COIMBRA, na casa 7 da rua Lucinda Barbosa, às 7 horas, em Quintino.
	Na infância	Joga no Juventude de Quintino, onde também jogavam os irmãos.
{1961}	23 de abril	Primeira vez que Zico se recorda de ter ido ao Maracanã, com seu pai. O Flamengo derrota o Corinthians por 2 x 0 e conquista o Torneio Rio-São Paulo. Dida começa a ocupar o papel de ídolo no coração de Zico.
{1965}	21 de janeiro	Encontro que prenuncia uma história interligada para sempre. Zico pisa pela primeira vez no gramado do Maracanã, antes do jogo entre Flamengo x Vasco, pelo Torneio do Quarto Centenário (1 x 4).
{1967}		Zico brilha no River Futebol Clube, tradicional clube da Piedade, onde joga futsal com a 10 de Pelé, quando é descoberto e levado para a Escolinha de Futebol do Flamengo.
	28 de setembro	Zico é levado para um teste na Gávea, faz o teste e passa. É o início da amizade com os gramados.
{1970}	16 de junho	Disputa pela Escolinha seu primeiro jogo no Maracanã, contra o América. Partida sem gols.
	23 de agosto	Zico fisgado! Começa o namoro com Sandra.
{1971}	6 de março	Dia de sua primeira partida oficial pelo time juvenil e faz dois gols (Flamengo 5 x 1 Madureira).
	14 de março	Dia muito especial! Ele encontrou o caminho das redes do Maracanã pela primeira vez (Flamengo 1 x 1 Botafogo).
	29 de julho	Estreia no time principal do Flamengo. O jogo foi contra o Vasco, pelo Campeonato Carioca. Vitória de 2 x 1, com passe de Zico pra Fio definir o placar.
	11 de agosto	O milésimo gol de Pelé não aconteceu na Fonte Nova, mas o primeiro gol de Zico no time principal, sim! (Flamengo 1 x 1 Bahia).
	9 de dezembro	Faz seu primeiro gol pela Seleção Pré-Olímpica (Brasil 1 x 0 Argentina).
	11 de dezembro	Conquista o título do Pré-Olímpico no jogo seguinte (Brasil 1 x 0 Peru).

{1972}		Um ano marcado pela decepção, em que Zico quase abandona a carreira ao saber que não está relacionado para as Olimpíadas. Mas o Galinho foi forte e superou essa!
	4 de dezembro	Conquista o título estadual juvenil, marcando um dos gols na vitória sobre o Vasco (2 x 0).
{1973}	1º de maio	No Dia do Trabalho, assina o primeiro contrato profissional com o Flamengo.
	23 de setembro	Olha que emoção! Zico marca o primeiro gol como profissional no Maracanã, de pênalti, contra quem?? (2 x 2 Vasco.)
{1974}		Marca 49 gols numa temporada batendo o recorde histórico do ídolo Dida, que fez 46. É considerado Revelação do Campeonato Brasileiro.
	22 de dezembro	Agora não tem pra ninguém! A Camisa 10 é DELE! Assegurada a titularidade no Flamengo, conquista seu primeiro título estadual.
{1975}		Ano em que o Flamengo não conquista títulos, mas o Galinho é o artilheiro do Estadual com 30 gols.
	18 de dezembro	O amor é lindo! Zico e Sandra se casam em uma cerimônia realizada na Igreja de São José, na Lagoa.
{1976}		É o ano em que a mistura samba + futebol dá novo ritmo à vida de Zico! Ele foi à quadra da Beija-Flor e se apaixonou pela escola de samba.
		Artilheiro da Copa Rio Branco.
	25 de fevereiro	Estreia na Seleção Brasileira principal e marca, de falta, o gol da vitória contra o Uruguai na Copa Rio Branco, em Montevidéu (2 x 1).
	7 de março	Dia de festa!! Zico faz os quatro gols no massacre do Flamengo sobre a "Máquina Tricolor" (4 x 1).
	28 de abril	Zico faz seu primeiro gol no Maracanã com a Amarelinha, no jogo de volta contra o Uruguai, pela Copa Rio Branco.
{1977}		Mais um ano em que o artilheiro do Campeonato Estadual é ele, com 27 gols. Zico não consegue evitar a perda do título para o Vasco. Depois da partida, os jogadores selam um pacto de vitória no restaurante Barril 1800, que levaria o Rubro-Negro à fantástica série de títulos.
	15 de outubro	Nasce seu primeiro filho, Arthur Antunes Coimbra Júnior.

{1978}		É o ano do início da caminhada rumo ao topo. O Flamengo conquista o título Estadual (1 x 0 Vasco) e o Galinho é o artilheiro com 19 gols. Zico disputa sua primeira Copa do Mundo, na Argentina. Volta invicto, mas sem o caneco.
	16 de outubro	Nasce seu segundo filho, Bruno de Sá Coimbra.
{1979}		Foi um ano fora dos padrões. O Flamengo conquista o bi e o tri Carioca, já que foram disputados dois títulos estaduais. Zico bate um novo recorde de gols numa temporada pelo Mais Querido: 81 gols e 70 jogos. Quem supera o Galinho nesses números? Ninguém!
	21 de fevereiro	Mais uma marca derrubada pelo Galinho, que chega aos 245 gols. E supera mais uma marca do ídolo Dida, que era, até então, o maior artilheiro da história do clube (1 x 0 Goytacaz).
	6 de abril	Encontro da realeza. Zico joga ao lado de Pelé num amistoso beneficente em que o craque santista usa a camisa 10 do Flamengo (5 x 1 Atlético-MG).
	25 de junho	O mundo conhece Zico, que marca um gol pela Seleção da Fifa num amistoso e recebe o reconhecimento internacional.
{1980}		É o ano da artilharia do Brasileirão! Foram 21 gols. Zico joga pela primeira vez em Udine e desperta a atenção dos italianos. Flamengo conquista títulos na Europa – Torneio Astúrias e de Algarve.
	1º de junho	Zico conquista seu primeiro Campeonato Brasileiro, no Maracanã (3 x 2 Atlético-MG), com direito a gol na final.
{1981}		Esse é O ANO da CONSAGRAÇÃO ETERNA!
	15 de março	Zico marcou o seu 500º gol em 15 de março de 1981, no jogo em que o Brasil venceu a França por 3 x 1, no Estádio Parc des Princes em Paris na França.
	23 de novembro	O Flamengo conquista a Taça Libertadores após 3 jogos dramáticos contra o Cobreloa-CHI. Na decisão, Zico marca dois gols, um deles de falta (2 x 0).
	8 de dezembro	Zico marca dois na goleada histórica de 6 x 0 no Botafogo, devolvendo, assim, o placar de 1972 ao alvinegro.
	13 de dezembro	Final do Mundial Interclubes, o Flamengo conquista o mundo e deixa sua marca eternizada na história! É campeão derrotando o Liverpool-ING em Tóquio (3 x 0). O Galinho não marca, mas é e eleito o melhor em campo. Verdadeiro Dream Team.

{1982}		Artilheiro do Campeonato Brasileiro, com 21 gols. E é ano de Copa do Mundo. Zico em sua segunda Copa, agora na Espanha. A melhor Seleção Brasileira não ganha o título mundial.
	25 de abril	BICAMPEÃO! O melhor time de todos os tempos levanta o troféu mais uma vez. Ganhou do Grêmio na final, por 1 x 0.
	5 de julho	A Seleção Mágica perde para a Itália, dia 5 de julho, na tragédia do "Sarriá" (3 x 2).
	26 de outubro	Olha o gol de número 600 aí, gente! Pelo Campeonato Carioca de Futebol, contra o Madureira. Partida realizada no estádio Caio Martins, em Niterói, termina em 5 x 0 em favor do Flamengo.
{1983}		É quando Zico tem o passe vendido por US$ 4 milhões para a Udinese, da Itália.
	6 de janeiro	Nasce seu terceiro filho, Thiago de Sá Coimbra.
	29 de maio	TRICAMPEÃO!!! E em cima do Santos, no Maracanã (3 x 0). Zico marca o primeiro gol em apenas 40 segundos de jogo.
	15 de junho	Zico chega em Udine e uma grande festa o espera. Marca 19 gols na temporada.
{1984}		E Zico é o artilheiro do Campeonato Italiano por média de gols. Foram 24 gols em 19 jogos. Desses 24, 10 foram de falta. Até hoje é considerado o maior jogador brasileiro que atuou na Itália. O jornalista italiano que era designado para segui-lo na época da Udinese assim o definiu: "Para nós, friulanos, Zico tem o mesmo significado de um motor da Ferrari colocado dentro de um fusca. Sentimo-nos os únicos no mundo a possuir um carro tão maravilhoso e absurdo".
{1985}		É o ano da volta ao lar. Após uma operação comercial chamada "Projeto Zico", coordenada pelo presidente do Flamengo, George Helal, o Galinho volta ao Rubro-Negro.
	24 de maio	Dia em que Zico chega ao Rio, de volta para a Nação.
	29 de agosto	Dia fatídico! Uma entrada criminosa do zagueiro Márcio Nunes, do Bangu, lesiona Zico em cinco pontos diferentes. A principal lesão é no joelho esquerdo. O zagueirão foi perseguido e até ameaçado de morte por torcedores.
	21 de outubro	Zico sofre sua primeira intervenção cirúrgica.

{1986}		Pode-se resumir num ano de luta e dor. Em meio à batalha, garante participação em sua terceira Copa do Mundo. Zico voltou a jogar, numa excursão do Flamengo pelo Oriente Médio.
	16 de fevereiro	Chegamos à marca de 700 gols. Num Fla x Flu válido pelo Campeonato Carioca, Zico marca 3 gols na vitória de 4 x 1. O terceiro gol foi o de número 700.
	30 de abril	Zico atua pela Seleção contra a Iugoslávia e marca 3 gols, um deles antológico (4 x 2). Ele continua jogando no sacrifício, sentindo muitas dores.
	21 de junho	Tristeza, injustiça dos deuses do futebol com o Galinho. Brasil é eliminado pela França, nos pênaltis, após empate no tempo normal. Zico desperdiça penalidade durante o jogo.
	10 de agosto	O Flamengo conquista o título Estadual, mas Zico sente o joelho e joga apenas 10 minutos (2 x 0 Vasco). Logo após o jogo, Zico vai para os EUA, onde é submetido a uma segunda cirurgia.
{1987}		É o ano da superação! Zico trava uma batalha por sua recuperação, fazendo fisioterapia intensiva e tentando conviver com a dor. Ganhou a Bola de Prata – Brasileirão.
	21 de junho	É a volta de Zico aos gramados com direito a gol de pênalti contra o Fluminense, em Caio Martins (1 x 1).
	7 de julho	Zico assina seu último contrato com duração de dois anos.
	13 de dezembro	É TETRAAAA! Sob o comando de Carlinhos, o Flamengo conquista o tetracampeonato Brasileiro no Maracanã em cima do Internacional (1 x 0). Substituído durante o jogo, Zico é aclamado pela torcida após a partida e volta ao campo para ser aplaudido.
	14 de dezembro	Mais dor! Ele é operado pela terceira vez, sendo extraídos parte de um dos meniscos e os pontos da segunda cirurgia no joelho.
{1988}		Tem viagem com o Flamengo para Tóquio, onde conquista a Copa Kirin.
	24 de fevereiro	Zico de volta aos gramados, de cabeça erguida. É um herói, exemplo de determinação e superação. Jogo contra o Volta Redonda (3 x 0).

{1989}		É o ano do "Até logo, ídolo maltratado pela Amarelinha". Mas atuou pelo Flamengo em 32 partidas.
	24 de fevereiro	Despedida da Seleção no estádio Comunale Dei Friuli, em Udine. O Brasil perde para um combinado de estrangeiros (2 x 1). A torcida italiana lota o estádio e Zico é aclamado.
	2 de dezembro	Última partida pelo Flamengo no ano tinha que ser um Fla x Flu, em Juíz de Fora. Flamengo ganha de 5 x 0 e Zico marca um gol de falta.
{1990}		Pra que o adeus? Uma Nação sem Rei, milhares de súditos sem saber o que fazer com aquele vazio: como fica o Maracanã, sem Zico, nas tardes de domingo?
	6 de fevereiro	Dia do adeus ao Flamengo, com uma grande festa no Maracanã (Flamengo 2 x 2 Resto do Mundo). Mas toda a festa é pequena perto do que Zico merecia. Cada gesto de amor nas arquibancadas não alcançou a plenitude da demonstração de amor de cada rubro-negro.
	março	Zico aceita convite para ser secretário nacional de esportes, com status de ministro. Desenvolve a Lei Zico, que, pasmem, teria 83% de seu texto copiado posteriormente pela Lei Pelé.
{1991}		Mais um desafio, digno de um Samurai. Assina contrato com o Sumitomo Metals, da segunda divisão japonesa. O Japão pede ajuda de Zico para desenvolver o esporte no país.
{1992}		O artilheiro voltou! E na terra do sol nascente! Zico marca 21 gols e conquista título da Copa Muroran. Cadê o Sumitomo? Sumiu? Nada, o Sumitomo passa a se chamar Kashima Antlers. Desse você ouviu falar, né?
{1993}		Sob as ordens do Samurai Zico San, o Sumitomo Metals fica em 2º lugar no Campeonato da Segunda Divisão e garante vaga na J-League, equivalente à série A do nosso campeonato.
	4 de maio	Na inauguração do estádio Kashima Soccer Stadium, a partida contra o Fluminense foi vencida pelo Antlers por 2 x 0, com um gol do Galinho e outro de Alcindo. Gol 800º de Zico, não percam as contas!
	10 de outubro	Dia da última partida pelo Kashima na vitória sobre a seleção de estrangeiros que atuavam no Japão (3 x 1). Zico fecha sua passagem pelo futebol japonês com 88 jogos e 54 gols. Um país eternamente agradecido por tudo o que ele fizera. O Kashima se tornara uma potência nacional. Para retribuir, os japoneses fazem o Carnival 94, uma série de eventos homenageando o Galinho em sua despedida definitiva dos gramados.

{1995}	20 de janeiro	Zico cria o Centro de Futebol Zico, no Recreio dos Bandeirantes, para desenvolver jovens atletas. Trabalha como consultor do Kashima.
{1996}	20 de janeiro	MAIORIDADE: O Centro de Futebol Zico comemora o primeiro aniversário. Zico promove o Encontro das Copas, reunindo pela primeira vez 90 jogadores e ex-jogadores brasileiros que disputaram Copas do Mundo.
	20 de julho	É fundado o Rio de Janeiro Sociedade Esportiva, que depois mudaria de nome para CFZ do Rio. Zico Assume a direção técnica do Kashima.
{1998}	6 de março	O nome CFZ do Rio é oficializado. Dois meses antes da Copa do Mundo, na França, Zico aceita convite para ser o coordenador-técnico da Seleção Brasileira, que viria a ser vice-campeã Mundial, perdendo para a anfitriã (3 x 0).
{1999}		Zico assume o Kashima Antlers como treinador interino. Ele era diretor técnico do time e, em função dos maus resultados, exerce a função à beira dos gramados. Esse comando não passa despercebido. De tão importante que é a figura do Zico, os jogadores ficaram contagiados, atentos ao treinador, e fizeram com que o time saísse da ponta de baixo da tabela e terminasse o campeonato entre os primeiros. Disputaram também a final da Nabisco Cup de 1999.
	24 de janeiro	Zico é operado pela quarta vez, por Neylor Lasmar.
{2002}	22 de julho	Assume o comando da Seleção do Japão, substituindo o francês Philippe Troussier. Zico realiza um grande trabalho: ganha a Copa da Ásia e a Copa Kirin, em 2004, além da visível evolução do elenco.
{2003}	3 de março	Comemora o cinquentenário.
	20 de dezembro	Recebe o prêmio no Rio como melhor jogador dos últimos 30 anos.
{2006}	4 de julho	Zico é apresentado como técnico do Fenerbahçe. Comanda vários brasileiros no time – Alex, Edu Dracena, Fábio Luciano, Deivid e Roberto Carlos – e é responsável pela melhor campanha de um time turco na Champions League. Ganhou ainda, na temporada 2006/2007, a Superlig, a Supercopa e a Antalya Cup.
{2008}	22 de setembro	Zico é o novo técnico do Bunyodkor, do Uzbequistão. Não fica muito tempo lá, mas o suficiente para tornar o clube mais conhecido. Conquista a Copa do Uzbequistão e o Campeonato Uzbeque.

{2009}	9 de janeiro	Zico gosta de desafios, não? Agora é a vez de comandar o CSKA, time russo. Conquista a Copa da Rússia e a Supercopa da Rússia.
	16 de setembro	Agora é a vez do Olimpiakos. Uma série de resultados ruins fazem Zico ficar apenas 4 meses no comando do time grego. Zico recebe a carta de demissão em sua casa por intermédio de um oficial de Justiça.
{2011}	25 de agosto	Assume a Seleção do Iraque. A meta é levar o time à Copa do Mundo de 2014. Após quebras contratuais (leia-se falta de pagamento), Zico pede desligamento da Seleção dos Leões da Mesopotâmia.
	3 de novembro	Zico aceita ser padrinho do Donas da Bola. Nosso exemplo de ética, bondade, retidão e profissionalismo.
{2013}	3 de março	O Brasil se mobiliza para comemorar os 60 anos do nosso Galinho de Quintino. O Brasil reverencia nosso ídolo por toda a sua trajetória dentro e fora das 4 linhas. De norte a sul do país, foi uma festa!

A autora

Priscila Ulbrich é jornalista, apaixonada por futebol e criadora do Donas da Bola, um grupo de mulheres que atuam com jornalismo esportivo.

GRÁFICA PAYM
Tel. (11) 4392-3344
paym@terra.com.br